W0194242

ullstein

LENA GREINER, Jahrgang 1981, stammt aus Hamburg. Sie studierte Politikwissenschaft und Internationale Beziehungen in Hamburg, Berlin und Washington, D.C. Seit 2013 ist sie Redakteurin beim SPIEGEL, war Leiterin des Ressorts Bildung und verantwortet seit 2019 das Projekt »Globale Gesellschaft« im Auslandsressort.

CAROLA PADTBERG, geboren 1976 im Rheinland, studierte Englische Literatur, Germanistik und Politik in Bonn und London. Sie ist seit 2005 Redakteurin beim SPIEGEL, seit 2016 im Ressort Kultur. Die Mutter von drei Kindern lebt und arbeitet in Hamburg.

Lena Greiner /
Carola Padtberg

Stellen Sie die Sirenen aus – mein Kind macht Mittagsschlaf!

Neue witzige Geschichten über
Helikopter-Eltern

Mit Cartoons von
Hauck & Bauer

Ullstein

Besuchen Sie uns im Internet:
www.ullstein.de

Hinweis der Autorinnen:

Rechtschreib-, Grammatik- und Zeichensetzungsfehler in den
Anekdoten wurden von uns korrigiert. Die meisten Gesprächs-
partner und Einsender baten um strikte Anonymität; wenn
Namen und Orte vorkommen, haben wir diese geändert. Wir
können die Erinnerungen unserer Leserinnen und Leser nicht
in Gänze verifizieren, haben aber keinen Anlass, an deren
Richtigkeit zu zweifeln. Anstelle des generischen Maskulinums
haben wir bei Begriffen wie »Schüler« oder »Lehrer« männ-
liche und weibliche Formen gleichermaßen verwendet. Die
jeweiligen Bezeichnungen können synonym betrachtet werden
und sollen für Personen aller Geschlechter stehen.

Originalausgabe im Ullstein Taschenbuch
1. Auflage Dezember 2020
© Ullstein Buchverlage GmbH, Berlin 2020
Umschlaggestaltung: zero-media.net, München.
Titelabbildung: © FinePic®, München
Satz: KompetenzCenter, Mönchengladbach
Gesetzt aus der ITC Berkeley Oldstyle
Druck und Bindearbeiten: GGP Media GmbH, Pößneck
ISBN 978-3-548-06473-4

Inhaltsverzeichnis

Einleitung

»Meine Frau arbeitet in der Kinderbetreuung einer Grundschule«, schreibt ein Leser im SPIEGEL.de-Forum. »Unser Eindruck ist, dass es offenbar nur noch Eltern gibt, die sich entweder überhaupt nicht mehr oder viel zu sehr um ihren Nachwuchs kümmern. Die ›normalen‹ Eltern scheinen auszusterben.«

Dass es viele Eltern gibt, die sich zu viel kümmern, zu besorgt sind und es in jeder Hinsicht übertreiben, können wir bestätigen. Um sie dreht sich dieses Buch.

In der Schwangerschaft geht es los – und hört manchmal bis ins Erwachsenenalter nicht auf. Hebammen werden angerufen, weil das Baby Schluckauf hat. In der Kita sollen die Erzieherinnen die Klobrille vorwärmen, sonst geht die Prinzessin nicht auf Toilette. Und in der Schule drehen sie dann völlig ab: Mütter fahren dem Schulbus hinterher oder lungern auf dem Schulhof rum, Väter machen die Hausaufgaben der Kiddies selber oder fordern, die neue Schulmilch probieren zu können (»Also, ich möchte vorher schon wissen, ob sie meinem Kind auch schmeckt!«). Und zur Klassenreise schicken sie Oma und Tante, die sich unauffällig in der Nähe der Kinder aufhalten sollen. Kein Witz.

Doch auch außerhalb der Institutionen treiben Helikopter-Eltern ihre Umwelt in den Wahnsinn: im Sportverein, beim Arzt und in der Öffentlichkeit. In diesen Kapiteln berichten wir von Eltern, die sich Fake-WhatsApp-Accounts zulegen und damit – als Jugendliche getarnt – heimlich mit ihren Kindern chatten, um zu sehen, »wie unsere Töchter reagieren«. Ärztinnen und Ärzte erzählen von Müttern und Vätern, die nachts in die Notaufnahme kommen, weil ihr Kind »seit zwei Wochen eine Warze hat«, oder die einen Krankenwagen rufen, weil ihr Teenagersohn »verspannt ist«. Und was passiert, wenn sich ein Kind nicht für den Schokonikolaus bedanken möchte, den es an der Kasse geschenkt bekommen hat? Genau, dann muss es das auch nicht, denn die Mutter findet: »Gut. Das ist deine Entscheidung.«

Verrückt ist: Wenn die Kinder klein sind, lassen die Eltern sie alles selbst entscheiden: Ob sie im Winter ein Sommerkleid tragen, welcher Weg beim Spaziergang genommen wird oder ob sie im Supermarkt Tretroller fahren – alles liegt im Ermessen der Kleinkinder. Sind diese aber irgendwann groß, schalten sich plötzlich die Eltern ein: Welchen Studiengang wählen sie? Um welches Auslandspraktikum bewerben sie sich? Welchen Partner suchen sie sich aus? Hier mischen natürlich Mami und Papi mit.

Bei all diesem Irrsinn tut es gut zu wissen, dass Sie, liebe Leserinnen und Leser, diese Geschichten mindestens so absurd finden wie wir. Denn Sie haben uns Hunderte neue witzige und unglaubliche Anekdoten über Helikopter-Eltern zugetragen. Hebammen kommen zu Wort, ebenso wie Erzieher, Lehrer, Ärzte, Sporttrainer, Rettungssanitäter und Supermarktmitarbeiter. Sie berichten von Müttern und Vätern, die ständig wie Hubschrauber über ihren Kindern kreisen, jederzeit bereit zu landen, um zu helfen oder kleinste Hindernisse aus dem Weg zu räumen. Eigenverantwortung oder den Umgang mit Frust lernt so jedoch kein Kind.

Wir wissen, dass der Alltag mit Kindern nicht immer leicht ist. Und dass die Corona-Zeit viele Ängste und Stressfaktoren noch verstärkt hat. Aber wäre es da nicht umso mehr angebracht, mal tief durchzuatmen und fünfe gerade sein zu lassen, anstatt immer noch mehr kontrollieren zu wollen?

»Vielen herzlichen Dank für dieses sehr amüsante Buch«, schrieb eine Leserin über einen der Vorgängerbände. »Ich habe das Buch regelrecht verschlungen und viele Eltern aus unserer Kita, in der ich als Erzieherin tätig bin, wiedererkannt.« Als sie einer Mutter das Buch ausleihen wollte, habe diese jedoch in ernstem Tonfall gesagt: »Ich bin keine Helikopter-Mama.« Die Leserin findet aber: »Doch, ich denke schon. Sie trägt ihre fast vierjährigen Zwillinge jeden Morgen die vierhundert Meter von ihrem Haus zu unserer Kita.« Und: »Vielleicht schreiben die Autorinnen noch einen Nachfolger ;–).«

Sehr gern – hier ist er: der dritte Band mit den witzigsten neuen Geschichten über Helikopter-Eltern. Viel Spaß!

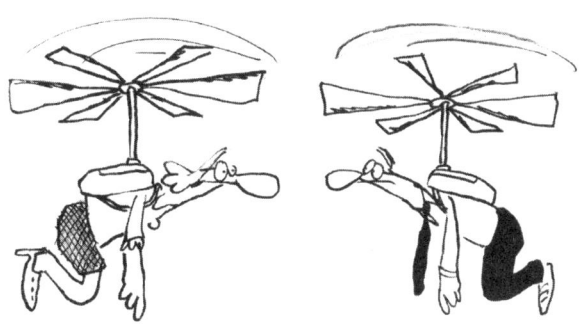

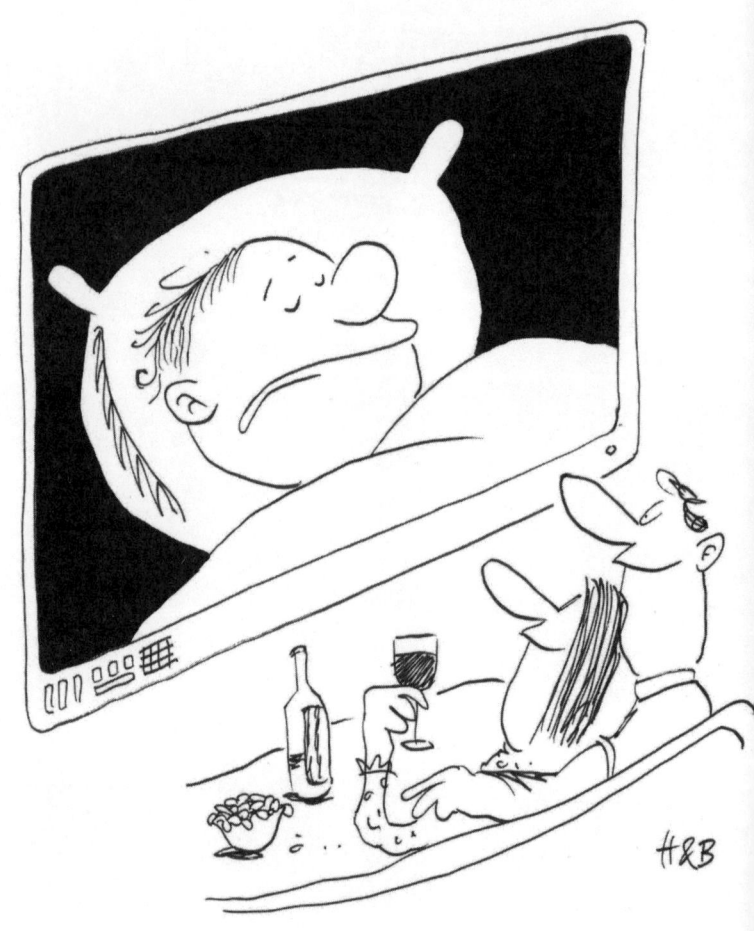

»Knabbern Sie meiner Tochter bitte am Ohrläppchen«: Babys und Kleinkinder

Jeder wird mal Opfer des Kindchenschemas, da muss man sich nichts vormachen. Wenn es so läuft, wie die Natur es ursprünglich einmal vorgesehen hat, sind wir nicht gefeit vor dem hypnotischen Anblick des eigenen Nachwuchses. Zumindest in den ersten Jahren will jeder seine süßen Schnuten unbedingt beschützen und umsorgen. Aber heißt das auch, sich dem kindlichen Willen deshalb völlig zu unterwerfen?

Zahlreiche Leser berichteten uns von absurden Auswüchsen elterlicher Dienstbarkeit an Kleinkindern. Was auch die Kulleraugen erblicken, worauf auch der Babyspeckfinger deutet, das wird den ergebenen Eltern zum Befehl. Das bedeutet zum Beispiel: Wenn ein Einjähriger noch seinen Lieblingsstein sucht, darf eben in der Kita nicht geputzt werden. Und wenn sich Dreijährige um ein Spielzeug streiten, rufen Helikopter-Eltern ganz selbstverständlich einen Einsatzwagen der Polizei.

Wie sonst hätte man das Dilemma lösen können? Und sollte das mit dem Einschlafen auf der Kindergartenreise nicht prompt klappen, geben Helikopter-Eltern gern ungefragt Anleitungen mit auf die Reise: einfach ein bisschen am Ohrläppchen knabbern, liebe Erzieherinnen. Funktioniert zu Hause immer.

Böser Staubsauger, böser Schluckauf!

Wird ein Baby geboren, bedeutet das nicht nur eine rasante Entwicklung innerhalb weniger Wochen, Monate und Jahre, nein, auch die Eltern selbst verändern sich. Und wie! Neue Prioritäten, Tätigkeiten, Sorgen und Ängste bis hin zu Phobien werden da entwickelt. Einige Väter und Mütter transformieren sich in vierzig Wochen Schwangerschaft schnell und drastisch zu Helikopter-Eltern, ohne es selbst zu bemerken.

Dabei kann jeder verstehen, wenn Eltern vor Liebe und Fürsorge, aber auch aus Angst um ihre kleine Made fast durchdrehen, tagsüber und nachts. Schließlich scheint das Rotieren fürs Baby die wichtigste Aufgabe des

Lebens zu sein. Helikopter-Eltern steigern sich jedoch in die Vorstellung hinein, ihrem Kind könne etwas zustoßen. Man kennt das Phänomen der selektiven Wahrnehmung: Wer regelmäßig Gefahren, Krankheiten und Optimierungsvorschläge googelt, entdeckt immer mehr Defizite. Man desinfiziert dann auch den halben Haushalt, schraubt Infrarotkameras ans Babybettchen und erörtert mit Freunden ausgiebig Vor- und Nachteile verschiedener Schnullermodelle.

»Seit Jahrzehnten versuche ich täglich, junge Eltern zu ihrer eigenen Intuition zu befähigen und ihnen die Angst zu nehmen, dem Kind könne etwas passieren«, erzählt eine Hebamme. »Einige entwickeln so ein Sicherheitsdenken, dass es die Kinder in ihrer körperlichen und seelischen Entwicklung eher behindert.«

Das ist natürlich traurig. Muss aber auch nicht immer so sein. Einige Spleens sind einfach nur etwas drüber. Dann darf man auch darüber lachen — etwa, wenn jeder Schluckauf oder jeder Staubsauger zum Problem wird:

Hilfe! Ein Hicks!

»Ein Klassiker unter uns Hebammen ist, dass besorgte Eltern anrufen, weil ihr Kind Schluckauf hat. Sie sorgen sich, dass es dem Kind wehtun oder es am Einschlafen hindern könne. Zugegeben, einschlafen tun sie mit Schluckauf meist nicht. Aber es kommt immer zu Spontanheilungen.«

Breiwissenschaft

»Wir unterhielten uns im Rückbildungskurs über die Brei-Einführung. Mein Sohn, fünf Monate, bekam zu dem Zeitpunkt seit einigen Wochen mittags seinen Möhrenbrei. Den kochte ich einfach selbst. Das erschien einer anderen Mutter aber zu gefährlich: ›Ich muss mich da noch ein wenig einlesen. Ich weiß sonst nicht, ob der Brei den richtigen Nitratgehalt hat.‹«

Du hast die Wahl: Sauger oder Baby

»Mein Mann ist häufig auf Dienstreise, weshalb ich auch mal staubsaugen muss, obwohl mein Baby das nicht mag. Neulich riet mir eine andere Mutter, mein Kind zu einer Nachbarin zu geben, während ich staubsauge. Es könnte ja sonst beeinträchtigt werden.«

Ganz schwierig scheint auch die Frage zu sein, ob der Nachwuchs bei der richtigen Temperatur gelagert wird. Demzufolge gibt es nur wenige Tage, an denen man sich in Mitteleuropa mit seinem Baby nach draußen trauen kann:

Wir fühlen uns unwohl

»Ich unternahm einen Spaziergang mit meiner dreijährigen Tochter und einer Bekannten, die ihr sechs Monate altes Baby dabeihatte. Es schlief unter einem Berg von Decken und war nicht zu sehen.

Nach einer Dreiviertelstunde sagte die Mutter jedoch, dass sie nun gehen müsse: ›Uns ist kalt, als Mutter spüre ich das.‹«

Bruthitze

»Unser Babyschwimmkurs fand im Juli statt, und es war ein heißer Sommer. Eine Mutter konnte die meisten Termine deshalb nicht wahrnehmen, weil sie Angst hatte, ihr Kind könnte auf dem Weg zum Schwimmbad überhitzen. Sie kam also nur, wenn sie jemanden fand, der sie im klimatisierten Auto hinfahren und abholen konnte. Sie wohnte etwa dreihundert Meter entfernt.«

Nun stellen Sie sich bitte vor: Helikopter-Eltern, die schon mit derartigen Lappalien echt angestrengt umgehen, lassen ihr Kind fremdbetreuen. Wie sollen die Eltern nur sicherstellen, dass die Babysitterin alles richtig macht? Ein Elternpaar übergab der Babysitterin für die Betreuung ihrer kleinen Sarah mehrere Seiten bedrucktes Papier, überschrieben mit »Informationen und Leitlinien: Was uns im Umgang mit Sarah wichtig ist«. Die Leitlinien waren in fünfzehn Unterpunkte gegliedert, etwa zu Ernährung, Schlaf, Transport des Babys, Küchenbenutzung oder wie Sarah gewickelt oder unterhalten werden sollte. Diese Eltern schienen zu glauben, dass dem wertvollen Nachwuchs mit jeder fremden Hand Schaden zugefügt würde – wogegen natürlich nur umfassende Kontrolle helfen könne.

Hier sind einige Auszüge aus den **»Leitlinien für Sarah«**:

»Feste Zeiten (fürs Essen) sind unwichtig. Sarahs Bedürfnis steht im Mittelpunkt. Den Brei immer schön langsam füttern und warten, bis sie den Mund aufmacht. Beim Trinken nicht mit Singen oder dem Mobile ablenken. Für das Bäuerchen bitte nur leicht auf den Rücken klopfen.«

»Wenn sie tagsüber schläft, den Raum nicht abdunkeln. Viel tragen, streicheln und massieren, aber ohne Öl. Bitte immer sensibel mit ihrer Haut umgehen. Keine Cremes anwenden, ohne das mit uns abzusprechen. Beim Abputzen nicht fest reiben, sondern zärtlich abwischen.«

»Bitte mit unserem Teppichboden vorsichtig sein. Sarah in der Küche füttern. Wenn trotzdem etwas danebengeht, folgendermaßen reinigen: Mit einem trockenen Tuch abtupfen, dann Sprudel auf die Stelle geben und von außen nach innen mit trockenen Handtüchern abtupfen.«

Kaum auszudenken, was passiert, wenn die kleine Sarah mal in den Kindergarten muss. Ob es eine Einrichtung schafft, mit ihren Ansprüchen mitzuhalten?

Zum Kindergarten die Anfahrt mit Extra, bitte

Schon die Bewältigung des Wegs zum Kindergarten stellt ein Problem dar. Jedes Fortbewegungsmittel birgt schließlich seine Risiken, jede noch so kleine Teilstrecke stellt andere Herausforderungen. Wenn Helikopter-Eltern ihre Sprösslinge zur Kita bugsieren, wird die dramatische Lage besonders akut – und für die Mitmenschen besonders absurd.

Gefahrenzone

»Eine Mutter aus unserer Kindertagesstätte bringt ihren Fünfjährigen immer mit dem Auto, parkt vor der Kindertagesstätte und setzt das Kind dann noch mal in den Buggy, weil in der Einfahrt ein Stein etwas hochsteht. Das Kind könnte ja darüber stolpern.«

Helikopter-Oma

»Eine Dreijährige wurde jeden Tag von ihrer Oma gebracht. Das Kind konnte perfekt sprechen, gehen und war fein- und grobmotorisch seinem Alter weit voraus. Doch sie wurde täglich, eingewickelt wie ein Baby, im Kinderwagen gebracht, mit Schnuller und Babyfläschchen. Wenn das Mädchen weinte, wurde wochenlang auf den Kindergarten verzichtet.«

Sie haben mir gar nichts zu sagen!
»Unsere Kita-Leitung hat beobachtet, wie eine Mutter auf dem Lieferantenparkplatz parkte, um ihr Kind zu bringen. Im gleichen Moment kam der Lieferant für das Mittagessen und machte sie darauf aufmerksam, dass er dort parken müsse. Das passte der Mutter nicht, also rief sie die Polizei. Der Witz an der Sache: Die zur Kita gehörenden Parkplätze waren frei.«

Manchmal können Heli-Eltern aber auch gar nicht erst losfahren. Weil das Kind es nicht will.

Eins zu null fürs Kleinkind
»Meine Nachbarin wollte ihre knapp zweijährige Tochter vor der Arbeit zum Kindergarten fahren. Doch die Kleine protestierte und wehrte sich dagegen, im Auto angeschnallt zu werden. Also rief die Mutter ihren Chef an und sagte, dass sie nicht zur Arbeit kommen könne.«

Okay, dann werden natürlich schnell alle geplanten Termine gecancelt. Sorry, Chef!

Abschied tut weh. Der Mami.

Ist der Weg zur Kita bewältigt, naht gleich der nächste kritische Milestone auf der täglichen To-do-Liste des Experiments Fremdbetreuung: die Verabschiedung. Loslassen ist ein ganz, ganz schwieriges Thema und wird gern zeitlich ausgedehnt, damit die sensiblen Kleinen nicht traumatisiert werden. Ha, Scherz! Da wird natürlich Zeit geschunden, damit Mami und Papi den schlimmsten Moment des Tages ohne Tränen überstehen und es schaffen, Tschüss zu sagen. Wenn Erzieherinnen und Erzieher davon erzählen, klingt das schon ziemlich resigniert:

Euer Zeitplan ist uns egal

»Ich habe ein Kind in meiner Gruppe, das regelmäßig zu spät in die Kita kommt. Wenn man die Mutter darauf anspricht, dass es gut wäre, ihn bis zum Morgenkreis zu bringen, sagt sie: ›Ach, er wollte einfach nicht los, deshalb habe ich ihn noch zu Hause spielen lassen.‹«

Eine Kita-Leiterin stöhnt:

»Morgens in der Bringzeit laufen bei uns fast so

viele Eltern herum wie Kinder. Die Eltern können sich nicht losreißen und testen dann die Spielangebote. Außerdem erzählen sie jeder einzelnen Erzieherin, welche Mütze ihr Kind heute aufsetzen soll. Eigentlich haben wir für solche Hinweise ein Info-Buch im Eingangsbereich. Aber man muss den Mitarbeitern ja auch noch berichten, dass man etwas ins Info-Buch geschrieben hat.«

Körperkontakt nur mit Eltern
»In unserem Kindergarten begrüßen und verabschieden sich Kinder und Erzieher mit einem Handschlag. Seit Neuestem bemängeln Eltern dieses Ritual.
Sie haben Angst, dass sich ihre Kinder gefährliche Keime zuziehen könnten. Oder dass ein Kind aufgrund des ›erzwungenen Körperkontakts‹ anfällig dafür werde, auch unsittlichen Berührungen stattzugeben. Oder den Eltern ist es wichtig, dass das Kind selbst entscheidet, ob es grüßen möchte.«

Diese Anekdote erzählte uns eine Erzieherin **vor** der Corona-Pandemie – dass seitdem ein Handschlag nicht mehr überall angemessen ist, versteht sich von selbst. Wer jedoch glaubt, eine lässige Kita-Begrüßung könne grundsätzlich den Weg bereiten für unsittliche Berührungen, ist wohl eher hyperalarmistisch.

Bitte mal loslassen!
»Die Eingewöhnungen der Kinder sind oft geprägt

durch das Misstrauen der Eltern. Je weniger die Eltern loslassen können, desto langwieriger verläuft die Eingewöhnung. Und je länger die dauert, desto mehr zweifeln Eltern an den Erziehern und der Kita. Manche kommen dann zu dem Schluss, dass wir für ihr Kind nicht geeignet sind.«

Kita-Spionage

»Neulich hat sich ein Elternteil unter einem geöffneten Fenster im Gebüsch versteckt, um den Gesprächen zwischen den Kindern und den Erzieherinnen zu lauschen.«

Helikopter-Eltern sind übrigens durchsetzungsstark. Ein Prozess der Anpassung ist für sie undenkbar. Wenn also die Kita nicht den familiären Bedürfnissen entspricht, warum stellt man nicht ein paar neue Anforderungen oder stattet den Laden mit Technik aus, die den Überwachungsanforderungen der Eltern genügt?

Videoüberwachung der Kita

»Eine Mutter schlug dem Elternbeirat unserer Kita tatsächlich eine Video-Überwachung der Kinder vor. Sie wollte tagsüber ihrem Sohn beim Spielen zuschauen und über das Videosystem mit den Erzieherinnen chatten, um gemeinsam das Kind anzuleiten. Die Frau war nicht berufstätig und hatte nach eigenen Angaben viel Zeit.

Warum bringt sie ihren Sohn überhaupt in die Kita, wenn sie sich nicht trennen kann?«

Hilfestellung
»Als wir mit den Kindern für ein paar Tage und Nächte auf einen Bauernhof fahren wollten, nahm mich eine Mutter beiseite und bat mich, ihrem Kind zum Einschlafen am Ohrläppchen zu knabbern. Es könne sonst nicht einschlafen.«

Großer Wirbel ums große Geschäft

Wir können uns leider nicht erklären, warum Helikopter-Eltern ein so offensichtlich gesteigertes Interesse an den Ausscheidungen ihrer Kinder an den Tag legen. Es ist uns rätselhaft, warum diese Eltern befürchten, dass die Körperfunktionen der Kleinen mit Betreten einer Einrichtung versagen könnten. Fakt ist aber, dass uns immer wieder Erzieherinnen und Erzieher von den Sonderwünschen berichten, die es rund um die großen und kleinen Geschäfte gibt. Und die sind wahrhaftig seltsam.

Bitte wärmen Sie die Klobrille vor

»Beim ersten Elternabend für neu aufgenommene Kinder fragte eine Mutter ernsthaft, ob es denn im Kindergarten auch einen Föhn gebe. Ihre Tochter lasse sich nämlich nur auf einer angewärmten Klobrille nieder, das sei sie von zu Hause so gewöhnt.«

Immer schön drücken

»Eine Mutter aus unserer Kita hat uns Erzieherinnen allen Ernstes mal gebeten, ihre Tochter beim Stuhlgang fest zu umarmen. Als man sie freundlich darauf hinwies, dass wir das bei sechsundzwanzig anderen Kindern in der Gruppe nicht leisten können, reagierte sie patzig: Angeblich könne die Kleine anders nicht aufs Klo.«

Extrawurst

»Neulich bat uns eine Mutter, dass ihr Sohn die Personaltoilette benutzen dürfe, ihm seien die Wände in der Kindertoilette zu eng. Wir meldeten der Mutter zurück, dass dies nicht möglich sei, weil die einzige Vorschullehrerin das Kind dorthin begleiten müsste und dann neun Kinder unbeaufsichtigt wären. Sie reagierte ungehalten – ihr Sohn wolle beim Verrichten des Geschäfts seine Ruhe vor den anderen. Zu Hause würde sie sich beim Häufchenmachen außerdem immer mit ihm unterhalten.«

Wie viel Gramm wurden heute verdaut?

»Das Verrückteste, was ich in meiner Laufbahn als Lehrperson erlebt habe, war ein Vater, der beim Abholen des Kindes fragte, ob sein Sohn auf der Toilette gewesen sei, und der ernsthaft wissen wollte, wie viel Gramm Kot es beim Stuhlgang ungefähr waren. Das Kind hatte keinerlei körperliche Beschwerden, auch litt es nicht an Verstopfung. Ich sagte ironisch, ich würde den Kot beim nächsten Mal auf die Waage legen.«

Das gewisse Extra

»Während einer Elternversammlung vor einer geplanten Kita-Reise fragte eine Mutter, ob es dort auch feuchtes Toilettenpapier gebe. Ohne könne ihr Sohn nicht. Das normale sei zu rau und hart.«

Kann man einen übertriebenen Reinlichkeitsfimmel eigentlich wieder loswerden, wenn er sich erst mal im Denken manifestiert hat? Eltern, die aus Angst um ihre supersensiblen Babys eine Bakterienphobie entwickeln, werden offenbar einige Jahre später zu Menschen, die auf der Kindergartenreise feuchtes Toilettenpapier fordern. Doch es gibt noch größere Themen als Hygiene – nämlich den kostbaren Spross vor Schrammen im Lack zu bewahren. Diesbezüglich ist das ganz normale Leben leider eine echte Zumutung.

Dramen unter Dreijährigen

Überall lauern Bedrohungen und Gefahren in dieser lebensfeindlichen Welt. Es gibt Mücken, die stechen, oder Steine, die auf dem Bürgersteig liegen. Manchmal werden die Kids auch schier unzumutbaren Härten ausgesetzt – zum Beispiel beim Rennen über eine Wiese, dann wird ihnen heiß, und Adern treten hervor. Oder im Kindergarten müssen sie sich an Spielgeräten womöglich abwechseln, die Prinzen und Prinzessinnen bekommen also nicht *subito* ihren Wunsch erfüllt. Krasse Vorstellung. Aber zum Glück gibt's ja Ordnungshüter, die regeln das dann.

Kurz vor dem Kollaps?

»Auf dem Spielplatz wird einer Dreijährigen heiß vom Rennen und Spielen, weshalb auf ihrem Unterarm ein paar Äderchen etwas deutlicher zu sehen sind. Die Mutter fragt, was das ist. Ich reagiere kaum, weil es völlig absurd scheint, so etwas überhaupt zu beachten. Kurze Zeit später höre ich die Mutter, wie sie eine andere Mutter fragt, ob das gefährlich sei und sie das Kind nicht besser zum Arzt bringen sollte.«

Eine Erzieherin erzählt:

»Voriges Jahr fiel im Garten ein Mädchen vom Dreirad. Es hatte eine leichte Schürfwunde an der Wange, die mit einem Pflaster gut versorgt war. Die Mutter war jedoch sehr aufgebracht, befragte uns ausführlich zu unserer Aufsicht und machte uns viele Vorwürfe, wie das passieren konnte. Dann entschied sie, dass ihre Tochter nur noch mit Helm in den Garten gehen dürfe. Das Mädchen schien es übrigens gewohnt zu sein, dass es sich überall herunterfallen lassen konnte und immer aufgefangen wurde. Die Mutter muss die ersten drei Lebensjahre nie weiter als einen Meter von dem Mädchen entfernt gewesen sein.«

Eine Mutter berichtet:

»Beim Elternabend in der Krippen-Gruppe sorgte sich eine Mutti: ›Wir haben uns auf dem Gelände hier umgesehen. Der Sand im Sandkasten ist schon sehr grobkörnig, könnten Sie da vielleicht feineren besorgen?‹ Ich antwortete: ›Na, so schlecht kann der Sand nicht sein, bei der Menge, die meine Tochter davon schon gegessen hat.‹«

Pünktchen, Pünktchen, Pünktchen

»Ein Kind hatte den Schlüssel zu einer verschlossenen Kassette geklaut und mit Tipp-Ex gespielt. Die Mutter brach daraufhin in Tränen aus, schrie uns an und rief sofort die Gift-Hotline an. Der

Junge hatte lauter weiße Pünktchen im Gesicht, die der Kinderarzt jedoch nicht weiter schlimm fand. Die nächsten Tage wurde das Tipp-Ex aber auch nicht entfernt – weil die Mutter sein Gesicht nicht zu fest reiben wollte.«

Man mag gar nicht darüber nachdenken, wie diese Eltern durchdrehen, wenn ihrem Kind mal wirklich etwas fehlt, es also mehr als eine Schramme hat oder der Sand zu grob ist. Schon wegen Kleinigkeiten wird so überreagiert, dass belanglose Befindlichkeiten erhebliche Folgen haben.

Frage der Priorität

»Ich arbeite in einer großen Kita mit 120 Kindern und entsprechend vielen Räumen. Vor einigen Tagen rief eine Mutter zwei Stunden nach Schließung in der Kita an und flehte die Putzfrau an, nicht weiterzuputzen. Ihr Sohn habe seinen Lieblingsstein verloren, und es könne sein, dass dieser irgendwo in der Kita liege. Das müsse zuerst überprüft werden, ehe die Kita dann gereinigt werden könne.«

Polizeiruf 110

In Hamburg stritt sich ein dreijähriges Kind mit einem anderen um ein Dreirad, sie schrien und kratzten einander. Die Mutter eines der Kinder kam dazu und geriet offenbar in Panik. Sie wusste sich nicht anders zu helfen, als den Polizeinotruf zu wählen. Die Beamten konnten den Streit dann vor Ort befrieden. Schaden entstand keiner – die Kinder hätten nur gerötete Wangen gehabt.

Die Konkurrenz schläft nicht

Ein weiteres interessantes Merkmal von Helikopter-Eltern ist ja, dass sie neben ihrer Ängstlichkeit auch einen ausgeprägten Ehrgeiz an den Tag legen. Die so aufwändig umsorgte Brut soll bitte perfekt funktionieren – und nicht nur dem Durchschnitt entsprechen, sondern erfolgreicher sein als weniger betüddelte Gleichaltrige. Sehr früh wird genau hingeguckt, ob ein Kind schon im Kindergarten zu rechnen beginnt oder ob die Basteleien der anderen vielleicht schöner sind. Der Leistungsdruck macht sogar vor dem Arztbesuch nicht halt.

Verbieten Sie die Lust an Zahlen
»Meine ältere Tochter übte mit ihrer kleinen Schwester immer Treppen steigen, indem sie laut die Stufen mitzählte. So kam es, dass die Kleine mit zwei Jahren schon bis zehn zählte. Als das in der Krippe bekannt wurde, beschwerten sich die

Eltern von zwei Kindern bei der Leitung und versuchten, verbieten zu lassen, dass meine Tochter Dinge abzählt. Der Leistungsdruck für die anderen Kinder wäre einfach zu groß.«

Jetzt wird examiniert

»Im Kindergarten wurde ich von einem besorgten Helikopter-Papa gefragt, wie wir unseren Sohn für die U8-Untersuchung beim Kinderarzt vorbereitet hätten. Er habe gehört, dass unser Kleiner ›sehr gut abgeschnitten‹ habe. Im ersten Moment dachte ich, er will mich auf den Arm nehmen. Ich habe dem Vater dann erklärt, dass eine Vorbereitung auf die Tests das Ergebnis verzerren würde. Das glaubte er mir aber nicht: Er war der Meinung, dass wir unseren Kleinen dafür ›trainiert‹ hätten – und das Wissen jetzt anderen vorenthalten würden.«

Das ist nicht schön genug

»In einer Kita beschwerten sich Eltern, dass die Laternen ihrer Kinder zu hässlich seien. Sie schlugen vor, die Erzieher sollten einheitliche Bausätze austeilen, so wie es in der Schule auch gemacht wird.«

Unvorstellbar, irgendwann ist es soweit: Die Kleinen kommen in die Schule. Doch wie um Himmels willen kommen sie da hin? Und was passiert dort? All das müssen Helikopter-Eltern überwachen. Viel Spaß mit den schönsten Anekdoten über **Schulweg und Schule**.

»Mein Kind kommt heute nicht – es regnet«: Schulweg und Schule

»Wenn sich das morgendliche Bringchaos aufgelöst hat, die letzten Eltern noch superwichtige Instruktionen bezüglich ihrer Kinder für die Lehrer hinterlassen haben und der Unterricht endlich begonnen hat, gibt es ein kurzes Zeitfenster der Ruhe und des normalen Schulalltags«, berichtete uns eine Lehrerin. Manchmal werde diese Ruhe zwar unterbrochen von Eltern, die vergessene Brote in die Klasse nachreichen oder die in der Pause kontrollieren, ob ihr Schätzchen mit Jacke draußen spielt oder im Sommer eine Kopfbedeckung gegen die Sonne trägt. Doch spätestens wenn es klingelt, gebe es kein Halten mehr:

»Während die Kinder aus dem Schulgebäude herausströmen, drängen die Eltern hinein und versuchen, an den Gesichtern der Kleinen die Qualität des Vormittags abzulesen. Und geben der Lehrkraft direkt ›Feedback‹: ›Warum hat mein Kind sein Frühstück nicht verzehrt?‹ – ›Woher stammen die leeren Süßigkeitenverpackungen?‹ – ›Warum ist die Hose feucht und der

Pulli verschmutzt und erst die Schuhe?‹ – ›Wo ist der Sportbeutel?‹ – ›Wie konnte der im Schulbus bleiben?‹ Andere scharen sich wie Wölfe um ein Schaf und versuchen, den betreffenden Lehrer zu nötigen, die Mathearbeit zu wiederholen, weil sie mit der Note ihres Kindes nicht einverstanden sind.

Bepackt mit vergessenen Jacken, dem immer zu schweren Schulranzen und den mitgebrachten Kuscheltieren, gehen die Eltern schließlich zum Auto, während der Nachwuchs hinterhertrödelt. Am Nachmittag geht es weiter: ›Der Freund meines Sohnes hat seinen Sportbeutel in der Klasse vergessen, könnten Sie den bitte holen, ich komme gleich vorbei. Es ist eilig, wir müssen zum Fußball.‹ Oder: ›Bitte üben Sie mit meinem Kind für die Sachunterrichtsarbeit.‹ Damit ist gemeint: einen Spickzettel anfertigen, auf den man sich in der Arbeit verlassen kann.« All dies sei, so die Lehrerin: »Tägliche Arbeit.«

Puh. Wundert uns aber gar nicht, angesichts der Anekdoten, die uns aus dem deutschen Schulalltag zugetragen wurden. Von Kartoffeln, die den Kleinen nicht schmecken, bis zur Klassenfahrt, zu der familiäre Spitzel geschickt werden.

Der Schulweg:
Mami fährt mit dem Auto dem Schulbus hinterher

Viele Eltern kutschieren ihre Kinder mit dem Auto zur Schule, zum einen, weil sie Angst um sie haben, zum anderen, weil sie glauben, ihnen damit einen Gefallen zu tun. Beides ist falsch: Der viele Verkehr, den die Elterntaxis verursachen, macht den Schulweg oft erst gefährlich – und zwar für alle. Und die Kinder bekommen so auch gar keine Möglichkeit, zu lernen, sich sicher im Verkehr zu bewegen. Was Experten zudem längst wissen: Kinder, die nicht mit ihren Mitschülern zur Schule laufen oder fahren, fühlen sich oft ausgeschlossen. Gespräche, Pläne schmieden, Freunde finden: Vieles geht an ihnen vorbei. Aber das scheint die Helis nicht zu kümmern. Sie beschäftigen sich lieber mit den neuesten GPS-Sendern in Schulranzen, damit sie ihre Schützlinge auf Schritt und Tritt überwachen können. Und sind ansonsten maximal egoistisch.

Mein Kind über allem

»Ein Auto hält mitten auf dem Zebrastreifen vor der Schule und versperrt so den Weg für Kinder, die gerade die Straße überqueren. Eine Autotür öffnet sich, ein Kind steigt aus und läuft Richtung Schule. Andere Autofahrer weisen die Mutter deutlich dar-

auf hin, dass sie nicht einfach auf dem Zebrastreifen anhalten kann, da sie damit andere Kinder
gefährdet. Die Mutter völlig verständnislos:
›Wieso? Ich habe nur mein Kind rausgelassen,
damit es sicher über die Straße kommt.‹«

Es geht um Leib und Leben
»Wir wohnen direkt gegenüber einer Grundschule.
Teilweise blockieren Eltern mehr als eine halbe
Stunde mit ihren Autos die Einfahrten. Einmal habe
ich eine Mutter gefragt, ob sie wisse, dass sie das
nicht dürfe. Sie verneinte und sagte, sie wohne in
dem Haus – was nicht stimmte, schließlich ist es
mein Haus. Daraufhin meinte sie, man dürfe auf
privaten Grundstücken stehen, wenn es um das
Leben eines Kindes ginge.«

Solche Situationen können auch schnell mal eskalieren.
Weil ein Vater in Berlin-Friedrichshain sein »Elterntaxi« vor einer Grundschule offenbar verkehrswidrig
abgestellt hatte, forderte ihn ein Polizist mehrfach
auf, auszusteigen und seine Fahrzeugpapiere vorzu-
zeigen. Daraufhin sei es zunächst zu einer verbalen
und wenig später zu einer körperlichen Auseinanderset-
zung gekommen, teilte die Polizei mit. Vor den Augen
seiner Tochter und seiner Lebensgefährtin habe der
Mann versucht, dem Beamten mit der Faust ins Gesicht
zu schlagen.

Elterntaxi *next level*

»Die Mutter eines Grundschülers bringt diesen morgens zum Schulbus, um sich dann schnell ins Auto zu setzen, damit sie vor dem Schulbus an der Schule ist, um ihren Sohn in die Klasse begleiten zu können.«

Gehhilfe

»Beim Elternabend vor der Einschulung erläuterte der Schulleiter, dass der Schulbus nicht direkt vor der Schule hält, sondern rund zweihundert Meter entfernt. Die Schule liegt in einem ruhigen Gebiet mit wenig Verkehr. Eine besorgte Mutter erkundigte sich, ob denn jemand von der Schule die Kinder von der Haltestelle abholen und nach Schulschluss wieder hinbringen würde.«

Mein Kind ist aus Zucker

»Ich war viele Jahre Sekretärin an einer Berliner Schule. Eines Morgens rief die Mutter einer Drittklässlerin an.

Mutter: ›Meine Tochter kommt heute nicht.‹

Ich: ›Warum nicht, ist sie krank?‹

Mutter: ›Nein, es regnet!‹

Ich (fast lachend): ›Aber entschuldigt ist die Fehlzeit dann nicht. Ziehen Sie ihr doch eine Regenjacke über.‹

Mutter: ›Aber meine Maus findet ihre Jacke nicht mehr schön.‹

Ich: ›Dann vielleicht einen Regenschirm?‹
Das Mädchen kam dann – zwar verspätet – zum
Unterricht. Die Mutter hatte sie gefahren.«

VIP-Shuttle
»An unserer Grundschule fuhr eine Mutter mal bei
Regen mit ihrem Auto quer über den Schulhof,
um ihr Kind direkt an der Eingangstür abzuholen.
Es sollte auf keinen Fall nass werden.«

Muttertöchterchen
»Eine Mutter lässt ihre 8-jährige Tochter nicht
allein zur fußläufig acht Minuten entfernten
Schule laufen, sondern fährt die ganze Strecke mit
dem Auto nebenher. Die Begründung: Der Schulranzen sei zu schwer, und sie müsse ihn ihrer Tochter in die Schule fahren. Kinder aus demselben
Haus und aus dem ganzen Viertel laufen den
Schulweg seit der ersten Klasse allein. Irgendwann
wollten sie mit diesem Mädchen aber gar nicht
mehr gehen – weil ständig die Mutter hintendran-
klebte.«

Horror-Event Elternabend: »Meine Tochter ist sehr wählerisch«

Was wir spätestens seit Corona wissen: Wenn Kinder nicht in die Schule können, ist das für alle Beteiligten ein Desaster. Wenn hingegen Eltern nicht in die Schule können, ist es eine Erleichterung. Oder hat ernsthaft jemand Elternabende vermisst?

Bleibt alles anders
»Elternabend in der ersten Klasse nach dem ersten Halbjahr. Die Klassenlehrerin Frau X ist frisch verheiratet und heißt nun Frau Y. Eine Mutter: ›Frau Y, jetzt haben sich unsere Kinder doch gerade erst an Ihren Namen gewöhnt, und es ist doch alles noch so neu – könnten Sie für die Kinder nicht weiterhin Frau X heißen?‹«

Wer da wohl unter Druck steht
»Bei einem Elternabend einer ersten Klasse in Berlin bekommt eine Mutter einen Heulkrampf: Wir anderen Eltern sollten nicht so viel mit unseren Kindern Lesen üben, denn ihre Tochter tue sich schwer mit dem Lesenlernen, und die Leistungen der anderen Kinder würden sie zu sehr unter Druck setzen.«

Ein Lieblingsthema von überbesorgten und perfektionistischen Eltern: die Ernährung. Sie kontrollieren zwanghaft alles, was ihr Kind zu sich nimmt. Und wehe, ihm schmeckt's mal nicht!

Sie wissen doch, der gute Bio-Aufschnitt

»Erster Elternabend an der Grundschule: Eine Mutter fragt, ob das Pausenbrot ihres Sohnes in den Kühlschrank gelegt werden könne. Allergiebedingt dürfe er nur Bio-Aufschnitt essen, und der würde ja so schnell verderben.«

Kartoffel-Tester

»In der Grundschulklasse meines älteren Sohnes kam es beim Elternabend fast zum Eklat, weil sich Kinder angeblich über die Qualität und den Geschmack der Kartoffeln beim Mittagessen beschwert hätten. Nach 20-minütiger Diskussion wurde beschlossen, dass ein Elternteil über mehrere Tage zum Kartoffel-Probeessen vorbeikommen und dann Bericht erstatten sollte.«

Milch-Tester

»Beim ersten Elternabend erklärt die Klassenlehrerin, wann das Geld für die Schulmilch mitgebracht werden soll. Ein Vater meldet sich: ›Dürfen wir Eltern diese Milch denn vorher mal probieren?‹ Sprachlose Gesichter. Die Lehrerin erläutert, dass das nicht möglich sei, und fragt, welchen

Zweck eine Verköstigung der Eltern mit Schulmilch denn haben solle. Der Vater: ›Also, ich möchte vorher schon wissen, ob sie meinem Kind auch schmeckt.‹«

Nicht nur Gourmettempel sollen Schulen sein, auch ein bisschen Wellness wäre gut:

Freizeitstress

Mutter zum Klassenlehrer beim Elternabend: ›Ich hätte gern, dass montags keine Schulaufgaben mehr geschrieben werden. Mein Kind braucht nämlich den Montag, um nach einem anstrengenden Wochenende wieder in den Arbeitsrhythmus zu kommen.‹ Auf die irritierte Rückfrage des Klassenlehrers, was sie denn an den Wochenenden machen würden, entgegnet die Mutter: ›Na ja, da kommt man halt mal spät ins Bett oder macht Ausflüge. Und da ist dann eben keine Zeit für Hausaufgaben oder fürs Lernen. Wie soll man da gleich am Montag eine Schulaufgabe schreiben?‹«

Mamis ante portas

Helikopter-Eltern heißen so, weil sie ständig über ihren Kindern kreisen, diese niemals aus den Augen lassen und jederzeit bereit sind zu landen, um kleinste Hindernisse aus dem Weg zu räumen. Selbst in der Schule lassen sie ihren Nachwuchs nicht mehr in Ruhe.

Schulschatten

»Tag der Einschulung: Eine Mutter geht mit in die erste Unterrichtsstunde ihres Sohnes. Da neben ihm kein Platz frei ist, wird ein anderes Kind umgesetzt. Sie lässt sich sogar beim ersten Klassenfoto mit ablichten. Auch die nächsten Tage begleitet die Mutter ihren Sohn in den Unterricht – und bleibt dort nicht nur für die ersten Minuten, sondern den gesamten Schultag.«

Eine Lehrerin erzählt:

»Am Anfang der fünften Klasse brachten die Eltern ihre Kinder bis ins Klassenzimmer und gaben mir Ratschläge wegen des Sitzplans.«

Winke, winke

»Der Klassenraum meiner Kollegin ist ebenerdig. Immer wieder kommt es vor, dass Eltern sich direkt vor die Fenster stellen und reinschauen.«

Pausenplausch

»Die Mutter eines Klassenkameraden meiner Tochter ist oft zu den Pausenzeiten zur Schule gefahren. Ihr Sohn ist dann zu ihr ins Auto gestiegen, und sie haben gequatscht. Das war in der sechsten Klasse.«

Angststörung

»Eine Mutter stand in jeder Pause am Schulhofzaun, um zu überwachen, dass ihr Kind die Pause überlebt.«

Dass sich Mütter in Schulen rumtreiben, ist unglaublich, passiert aber offenbar häufiger. Manchmal müssen die Lehrkräfte sogar zu harten Maßnahmen greifen.

Lauschangriff

»Ich bin Grundschullehrer nahe einer norddeutschen Großstadt. Letztens sah ich in einer Freistunde, wie eine Mutter an den Türen aller zweiten Klassen lauschte – darunter auch von meiner. Als ich sie ansprach, erklärte sie mir empört, dass die Klasse ihres Kindes viel lauter sei als meine und dass ihr Kind doch bitte in meine Klasse wechseln solle, da es sich bei mir bestimmt besser konzentrieren könne. Was sie nicht bemerkt hatte: Meine Klasse hatte gerade Sportunterricht, und der Klassenraum war leer.«

Mama im Schlafanzug

»Ständig stand eine Mutter im Schlafanzug vor der

Schule, weil sie ihrer Tochter die Pausenbrote
nachgetragen hat. Sie hat jetzt Hausverbot.«

Mama ruft an!
»Während des Unterrichts klingelt das Telefon
einer Zweitklässlerin. Auf dem Display steht:
›Mama ruft an‹. Die Lehrerin geht dran und fragt
die Mutter, was sie denn während der Schulstunde
so Wichtiges von ihrem Kind wolle. Die Antwort:
›Meine Tochter hat ihr Pausenbrot vergessen!‹«

Mein Sohn darf nicht selbstständig werden
»Bei der Einschulung erkundigte sich eine Mutter,
in welcher Stunde die Kinder Sport hätten.
Die Lehrerin erklärte, dass bislang nur der Tag
feststehe, da der Hallenbelegungsplan noch
nicht ganz fertig sei. Daraufhin die Mutter:
›Ich muss das aber wissen, damit ich kommen
kann, um meinem Sohn beim Umziehen zu helfen.‹«

Nee, ist klar, ein Schulkind braucht dringend Hilfe
beim Anziehen. Eltern irritieren ihre Umwelt aber
nicht nur, indem sie es so offensichtlich übertreiben
mit der Fürsorge und Verhätschelung der Kleinen, sondern auch mit merkwürdigem Verhalten gegenüber
anderen Erwachsenen:

Vertrauen ist gut
»Ich bin Lehrerin und hatte mich bei einer

Stegreifaufgabe verzählt. Der Schüler hatte mehr
Punkte und damit eine bessere Note. Ich änderte
die Note in der Arbeit und unterschrieb. Die Eltern
unterschrieben die Arbeit ebenfalls. Zwei Wochen
später stand der Vater in meiner Sprechstunde,
er hatte sich dafür extra einen Tag Urlaub genommen. Sein Anliegen: Seine Frau habe ihn gebeten,
noch mal nachzufragen, ob auch wirklich die bessere Note vermerkt worden sei.«

Tränen der Verzweiflung

»Eine Mutter bricht in Tränen aus, als sie erfährt,
dass ihr Sohn im Mathe-Förderunterricht war.
Ihre Angst: Die gymnasiale Karriere sei nun gefährdet. Dabei geht der Junge in die zweite
Klasse ...«

Tränen des Mitgefühls

»Auf dem Sommerfest unserer Grundschule fing
eine dreifache Mutter an zu weinen. Der Grund:
Sie hatte kurz zuvor erfahren, dass einer ihrer
Söhne ab dem kommenden Schuljahr einen Lehrer
als neuen Klassenleiter bekommen würde, den er
nicht mochte.«

Eltern, die so drauf sind, senden auch ihren Kindern
eine unmissverständliche Botschaft, nämlich: Ich traue
dir nicht zu, dass du einen Weg findest, mit kleinen
Problemen klarzukommen. Das wird spätestens dann

schwierig, wenn die Kinder größer sind – denn zumeist werden dann auch die Herausforderungen größer und lassen sich nicht mehr so einfach von Mami und Papi lösen. Doch anstatt ihren Kindern Problemlösungskompetenzen beizubringen, bestellen die Helis lieber noch eine Extrawurst.

Extrawürste de luxe:
»Wir waren beim
Champions-League-Spiel«

Eine Charaktereigenschaft von Helikopter-Eltern ist bedingungsloser Egoismus. Gemeinschaftssinn oder Fairness zählen für sie nicht. Es geht nur darum, dass ihr Kind ständig im Vorteil ist. Und auch wenn die Wünsche noch so absurd scheinen – sie werden schamlos und vehement vorgetragen.

Eltern zur Lehrerin:
»Hiermit bitten wir Sie, unser Kind im Sportunterricht von den Übungen zu befreien, da in der folgenden Stunde ein Diktat geschrieben wird.«

Papa was a Rollin' Stone

»Ich möchte meine Tochter für die erste Stunde
entschuldigen. Ich habe selbst verschlafen.
Wir waren gestern beim Alice-Cooper-Konzert, um
ihr Geburtstagsgeschenk einzulösen. Meine Tochter
ist nun ziemlich heiser und auch etwas müde.
Ich wäre sehr dankbar, wenn Sie daher die münd-
liche Leistungskontrolle noch einmal um eine
Woche verschieben könnten. Das Konzert war aber
der absolute Höhepunkt, und da der Musiker bereits 69 Jahre alt ist, wissen wir auch nicht, wann
er noch mal nach Deutschland kommt.«

Eigentor

»Die Eltern eines Schulfreundes meines Sohnes
kamen extra in die Schule, um zu erreichen, dass
seine Fünf im Französischtest nicht gewertet wird.
Ihre Begründung: Sie seien am Tag vor dem Test,
an einem Mittwoch, bei einem Champions-League-
Spiel der Bayern gewesen. Insgesamt seien sie
500 Kilometer hin- und zurückgefahren – da habe
ihr Sohn natürlich nicht für den Test lernen können. Außerdem sei er völlig übernächtigt gewesen,
da sie ja erst mitten in der Nacht nach Hause gekommen seien.«

Auch die Lehrer und Lehrerinnen werden eingespannt,
damit die Kleinen (und Großen) immer sofort das bekommen, was sie gerade wünschen.

Schülerin zur Lehrerin:

»Meine Mama hat gesagt, Sie sollen sie anrufen, wenn ich nach der Schule zu Lara zum Spielen mitgehe. Ich wusste heute Morgen noch nicht, ob ich will.«

Es gibt kein schlechtes Wetter

»Ich bin Grundschullehrerin. Eines Tages stand eine Mutter an der Klassengarderobe ihres Kindes und fauchte mich an: ›Da ist aber wenig Platz!‹ Sie hatte Schuhe, Jacken, Matschhose und so weiter dabei – für jede Gelegenheit und jedes Wetter.«

Einzelbetreuung erwünscht

»Ich war Lehrerin an einer Fachoberschule. Ein Vater wollte, dass ich mit seinem 19-jährigen Sohn vor der Englischaufgabe stets eine zehnminütige Meditationsübung mache – mit ihm allein in einem abgelegenen ruhigen Raum. Meinen Hinweis, dass es so einen Raum nicht gebe und ich auch nicht wisse, was ich mit den anderen 28 Schülern in der Zeit machen solle, beantwortete er mit einer allgemeinen Klage über unflexible, ausgebrannte Lehrer, die kein Verständnis für ihre Schüler aufbrächten. Immerhin hat er mich auf die Idee gebracht, mit den Klassen vor Leistungsnachweisen kurz Konzentrations- und Entspannungsübungen zu machen.«

Pipi-Kacka

»An unserer Schule hatten wir eine Mutter, die sich
permanent um den Gesundheitszustand ihrer kerni-
gen und pumperlgesunden Siebtklässlerin sorgte.
Unvergessen ist der Tag, an dem sie morgens in der
Schule anrief und meiner sichtlich verstörten Kollegin mitteilte, ihre Tochter hätte an diesem Morgen noch nicht ihr großes Geschäft verrichtet, und
die Lehrerin möge daher bitte die 14-Jährige daran
erinnern, zur Toilette zu gehen.«

Pipi-Kacka II

»Ein Drittklässler kommt heulend vom Klo. Auf die
Frage, was los sei, sagt er: ›Ich habe Kacka gemacht und kann den Po nicht abwischen. Das macht
sonst meine Mutter. Kannst du das machen?‹«

Die Lehrerin habe Nein gesagt, erzählte sie uns. Denn:
»Das können Kinder im Kindergarten schon.« Und was
passiert, wenn ein gehelikoptertes Kind etwas nicht
mag? Genau, dann dürfen es die anderen auch nicht
mögen.

Sandkästen sind doof

»An unserer Schule sollte ein neuer Sandkasten ge-
baut werden. Das erzählte ich den Kindern, woraufhin lauter Jubel ausbrach. Am Nachmittag erhielt
ich jedoch eine E-Mail von einer Mutter, in der sie
mir mitteilte, dass ihr Kind Sandkästen ganz arg

doof fände, und ob es wirklich nötig wäre, einen solchen zu bauen.«

Fußball ist doof
»Eine Kollegin nahm mit ihrer zweiten Klasse das Thema Fußball-WM durch. Unter anderem war geplant, in den folgenden Sportstunden Fußball zu spielen. Daraufhin rief eine Mutter an und bat darum, im Sport etwas anderes zu machen, da ihr Sohn Fußball nicht leiden könne. Die Lehrerin ging darauf natürlich nicht ein. Die Mutter befreite dann ihren Sohn vom Sportunterricht, und er musste vom Rand zuschauen, wie alle anderen begeistert Fußball spielten.«

Falsch verstandene Liebesmüh ist, wenn Eltern ihren Schulkindern die Hausaufgaben abnehmen. Denn das bringt – wenn überhaupt – nur kurzfristig Entspannung, langfristig lernen die Kleinen so leider: nix.

Schatzi braucht seinen Schlaf
»Ich kenne ein Elternpaar, das für seinen Sohn fleißig die Hausaufgaben macht, wenn der Siebtklässler es am Tag zuvor nicht geschafft hat und morgens ausschlafen muss.«

Papa, mach mal!
»Ein Vater macht die Mathe-Hausaufgaben, während sein Sohn auf dem Trampolin hüpft.«

Extrem stressig!

»Seit der ersten Klasse hat mein Sohn einen Klassenkameraden, der immer gewissenhaft die Hausaufgaben erledigt. Doch irgendetwas passt der Mutter offenbar nie, so dass sie die Aufgaben immer noch einmal selbst anfertigt. Die Lehrer betteln seit Jahren, sie möge damit aufhören, weil sie die Aufgaben nicht bewerten könnten. Mittlerweile sind die Kinder in der neunten Klasse. Die Mutter sagte mal zu mir: ›Wie schaffst du das nur mit mehreren Kindern? Ich finde ja mein eines Kind schon extrem stressig.‹«

Hochmut kommt vor dem Fall

»Meine Schwägerin war der Meinung, dass ihr Sohn keine Rechtschreibkenntnisse erwerben müsste, da er aufgrund seiner Intelligenz später ohnehin eine Sekretärin haben würde. Heute pflückt er Erdbeeren als Ein-Euro-Jobber.«

Tatort Klassenfahrt:
Wenn Eltern eine Reise tun

Wer denkt, Klassenreisen seien für Lehrkräfte anstrengend, weil sie eine Horde Pubertierender bändigen müssen, irrt. Viel schlimmer sind deren Erziehungs-berechtigte mit ihren apokalyptischen Anfällen.

No way!

»Fünfte Klasse Gymnasium, erster Elternabend: Es geht um die Klassenfahrt, die ins Allgäu führen soll. Aufgrund der langen Fahrtstrecke war diese für zehn Tage angesetzt worden. Eine Mutter völlig entsetzt: ›Waaas??? Das geht überhaupt nicht! Ich war noch nie so lange von meinem Kind getrennt.‹«

Tagesaktuelle Beweisfotos

»Netterweise habe ich mal während einer Klassen-reise mit Viertklässlern die Eltern in einer Whats-App-Gruppe auf dem Laufenden gehalten. Nach dem zweiten Tag kam folgende Nachricht: ›Bitte machen Sie täglich ein paar Fotos von meinem Sohn, damit ich sehen kann, dass es ihm gut geht.‹«

Kollektive Flugangst

»Auf dem Elternabend einer zehnten Klasse wurde die anstehende Klassenreise besprochen. Das Reiseziel war nur mit dem Flugzeug zu erreichen. Eine Mutter meldete sich und sagte, ihr Kind könne unmöglich fliegen – wegen der Absturzgefahr. Sie würde allerdings zustimmen, wenn sie mitflie-gen dürfte. So würden im schlimmsten Fall dann beide abstürzen.«

Immer wieder kommt es vor, dass Eltern »dringend« auf die Klassenreise mitkommen müssen, also wollen. Und wenn das nicht geht, werden sie äußerst kreativ, um ihren Nachwuchs doch nicht aus den Augen lassen zu müssen: Sie manipulieren, schicken Verwandte inkognito oder drohen den Lehrkräften. Da wird's dann schnell auch mal echt unangenehm – für alle Seiten.

Nur ohne meine Mutter

»Ich plante die Klassenfahrt meiner dritten Klasse. Nach dem Elternabend kam eine Mutter zu mir: ›Ich muss mit auf Klassenfahrt. Mein Sohn war noch nie weg und kann sich nicht von mir trennen.‹ Ich versicherte ihr, dass ich über sein Problem nachdenken würde. Am nächsten Morgen kam ihr Sohn auf mich zugeschossen, stemmte seine Arme in die Hüften und stampfte mit dem Fuß auf, während er zu mir sagte: ›Mama hat mir erzählt, was ihr besprochen habt. Eins sag ich dir: Wenn du DIE mitnimmst, bleib ICH hier.‹«

Mein Teenager ist noch ein Kleinkind

»Ich leite eine achte Klasse. Auf Klassenfahrt wollten wir zum Surfen an die Ostsee fahren. Die Eltern bekamen entsprechende Briefe mit den Überweisungsdaten für die Kosten. Eine Mutter teilte mir daraufhin mit, dass ihr Sohn nicht mitkommen werde, denn: ›Er war in der vierten Klasse schon mal auf Klassenfahrt, und das gefiel ihm nicht, weil

das Essen schlecht geschmeckt hat.‹ Dem 14-Jähri-
gen war das Ganze ziemlich peinlich, er trug dann
Zeitungen aus, um sich das Geld für die Klassenreise selbst zu verdienen.«

Spitzel am Strand

»Ich war mit meiner sechsten Klasse auf Klassenfahrt in Belgien am Meer, als mir plötzlich die Oma
und die Tante einer meiner Schüler über den Weg
liefen. Die Mutter hatte die beiden heimlich hin-
geschickt, für den Fall, dass ihr Sohn nicht schlafen könne oder sonstige Krisen hätte, die ich nicht
bewältigen könnte. Ich hätte Oma und Tante natürlich nicht begegnen dürfen.«

Traumatherapie nach Klassenfahrt

»Ich unterrichte an einem Gymnasium. Mit meiner
siebten Klasse wollte ich für drei Übernachtungen
in ein Landschulheim fahren. Während des Eltern-
abends teilten mir einige Eltern bereits mit, ihre
Kinder würden grundsätzlich nicht auswärts über-
nachten, nicht einmal bei der Oma, und ich hätte
die Konsequenzen zu tragen, wenn sie nach der
Klassenfahrt traumatisiert wären und psycholo-
gische Betreuung brauchten. Die Kinder fuhren
dann zwar mit, wurden aber nach der zweiten
Nacht von den Eltern abgeholt, die sich bereits in
einer Unterkunft in der Nähe einquartiert hatten,
um bloß in der Nähe ihrer Sprösslinge zu sein.«

Menschen sind ja bekanntermaßen unterschiedlich, was so auch ziemlich gut ist. Die einen mögen dies, die anderen das. In einer Gruppe bedeutet das: Nicht immer gefällt allen alles. So wie im echten Leben auch. Nicht so im Leben der Kinder von Helikopter-Eltern. Die sollen sich nämlich bloß niemals anpassen müssen.

Was mein Kind nicht mag, wird nicht gemacht

»Mit meiner dritten Klasse sollte es auf die ostfriesische Insel Langeoog gehen. Einer Mutter passten unsere geplanten Aktivitäten jedoch nicht, woraufhin sie mir vor der Reise mitteilte: ›Mein Sohn geht mit den Füßen nicht gern in den Schlick, die Wattwanderung muss abgesagt werden. Und ich will nicht, dass die Klasse ins Wellenbad geht, da er kein sicherer Schwimmer ist.‹ Für beide Ausflüge waren vorher verschiedene Alternativen angeboten worden: Für die Wattwanderung konnten die Kinder, die nicht barfuß gehen wollten, Gummistiefel mitbringen, und die Kinder, die nicht sicher schwimmen konnten, sollten mit einer Lehrerin im Nichtschwimmerbereich bleiben. Aber weil diese Optionen für das eine Kind offenbar nicht ausreichten, wollte die Mutter, dass die ganze Klasse auf beides verzichtete.«

Klar, Schatz, ich fahr dich schnell!

»Die Mutter eines Zehntklässlers bat uns, ihren

Sohn mit dem Auto zur Klassenreise nach Italien fahren zu dürfen, da er nicht so lange mit dem Bus fahren wollte.«

Eine Lehrerin erzählt:
»Wir wollten mit mehreren Klassen einer Jahrgangsstufe unseres Gymnasiums eine Reise nach Berlin unternehmen. In dieser Stufe waren auch zwei Brüder, jedoch in verschiedenen Klassen.
Vor der Fahrt meldete sich die Mutter der beiden bei mir: Ich solle bitte die Klassenfahrt umorganisieren. Ihre Söhne könnten sich nicht leiden, und wenn sie zusammen auf Klassenreise führen, könnte sie nicht für die Sicherheit der beiden garantieren. Dementsprechend sollte die Reise so geplant werden, dass sich die Geschwister nicht über den Weg laufen. Dass das nicht möglich war, konnte die Mutter nicht nachvollziehen.«

Da stellt sich doch die Frage, wie sich das tägliche Zusammenleben im Haushalt dieser Familie gestaltet. Ob sich die Brüder auch in der Küche aus dem Weg gehen und einzeln essen?

Aber wissen Sie eigentlich, was auf Klassenreisen wirklich extrem wichtig ist? Die Punktzahl bei Snapchat zu halten und sich ein Tattoo stechen zu lassen. Und wer ist dafür verantwortlich? Genau, die Lehrkraft.

Verloren nach Punkten

»Ich bin Mutter einer 13-jährigen Tochter. Beim Elternabend ging es um das geplante Handyverbot während der anstehenden Klassenfahrt. Einige Eltern waren tatsächlich gegen ein solches Verbot – mit der Begründung: Ihre Kinder würden sonst Punkte bei Snapchat verlieren.«

Aber nur, wenn er sich »Mama« auf den Unterarm stechen lässt

»Ich wollte mit meiner Klasse nach England fahren. Eine Mutter bat mich, dort mit ihrem 15-jährigen Sohn ins Tattoo-Studio zu gehen. Er wünsche sich so sehr ein Tattoo, aber bei uns sei das wegen des Alters noch nicht möglich.«

Wenn sich Eltern gerade nicht um die schulischen Angelegenheiten ihrer Kiddies kümmern, sind sie mit deren **Freizeitgestaltung** beschäftigt. Wer dabei an freie Zeit denkt, liegt jedoch völlig falsch. Es geht um optimiertes Sporttraining, überwachtes Spielen und natürlich den Tag aller Tage: den Geburtstag. Herzlichen Glückwunsch!

Spiel? Sport? – Stress: Anstrengende Freizeit

Natürlich fühlt es sich doof an, sein Kind traurig oder wütend zu sehen. Ein Rundum-glücklich-Service für strahlende Äuglein liegt Eltern daher erst einmal näher.

Doch was für eine Weltsicht entwickeln Kinder, die niemals Anstrengung oder Enttäuschung kennenlernen? Die nicht wissen, wie es ist, irgendwo herunterzufallen – weil sie nie klettern durften? Und was macht es mit ihnen, wenn sich die Eltern pausenlos als Wunscherfüllungsgehilfen präsentieren? Nein zu sagen ist anstrengend und macht unbeliebt, deshalb gehen Helis diesem Wort gern aus dem Weg. Und Kleinkinder sind clever genug, diesen Umstand zu ihrem Vorteil zu nutzen.

Wenn es eine Möglichkeit gibt, den Adventskalender täglich komplett auszuräumen und ihn von den harmoniesüchtigen Eltern über Nacht wieder auffüllen zu lassen, dann wird dieser Weg eingeschlagen, hundertpro. »Mama! Laufrad tragen! Kekse! Handy!« – Man braucht keinen Erziehungsratgeber, um zu ahnen, dass elterlicher Gehorsam keine gute Idee ist. Eine Einsenderin berichtete von ihrer Freundin, die zugab, aus Faulheit nicht zu erziehen, sondern zu helikoptern: »Ich reagiere einfach sofort auf die Bedürfnisse meiner Kinder und habe so keinen Stress.«

Die andere Heli-Fraktion ist von Angst und Kontrollwahn getrieben. Sie opfert lieber Freundschaften, als dass das Kind unbeobachtet einen Baum erklimmt. Sie versucht, die gesamte Nachbarschaft zu veganem Essen zu überreden, um den Sohn von tierischen Produkten fernzuhalten, oder versteckt die Etiketten vom Nutella-glas. Willkommen im Freizeitstress von Helikopter-Familien.

Beim Sport hört der Spaß auf

Der Sport der Kinder ist für Helikopter-Eltern ein Reizthema. Stress ist vorprogrammiert, denn in ihrer Wahrnehmung geht es im Sport unfair und unprofessionell zu: Zum einen erkennen die Trainer die vielen kleinen Fußball-Draxlers und Tennis-Kerbers von morgen nicht und geben ihnen dementsprechend zu wenig Chancen. Zum anderen trainieren sie einfach schlecht, deshalb müssen die Eltern das auch noch selbst machen. Außerdem lassen die Betreuer die Kinder nicht oft genug gewinnen, was ja durch kleine Manipulationen durchaus möglich wäre. Grauenhaft, alles.

Nicht vom Beckenrand schreien

»Bei unserem Schwimmunterricht dürfen Eltern von der Tribüne der Halle aus zusehen. Doch einige Eltern stellen sich lieber direkt an den Beckenrand und übernehmen das Training. Sie laufen auf und ab und rufen den Kindern Anweisungen zu. Als ich eine Mutter bat, sich wieder zu setzen, sagte sie, wir würden ihrem Kind das Schwimmen nicht richtig beibringen. Ein anderes Elternteil wollte, dass ich mich um die Tochter kümmere, während ich bei einem Kind war, das sich kaum noch oben halten konnte und rausgeholt werden musste. Letztlich kam der Vereinsvorstand und begleitete die Eltern in den Vorraum.«

Das Kind ist vom Eis

»In der Pause eines Eishockeyspiels kam eine verärgerte Mutter zu mir und fragte mich harsch, wieso ihr Sohn nur zwölf Minuten auf dem Eis gewesen sei und ein anderer – aus ihrer Sicht weniger talentierter – Junge vierzehn Minuten Spielzeit bekommen habe. Ich dachte nur: Irre, wir reden hier von zehnjährigen Kindern, die einfach nur Spaß am Spiel haben sollen.«

Erst Traum, dann Trauma

»Eine Mutter brachte ihre Tochter in unseren Voltigier-Verein, weil sie gelesen hatte, wie positiv sich Voltigieren auf die Entwicklung auswirke. Nach der ersten Stunde rief sie mich aufgebracht an, da das Kind runtergerutscht (nicht gefallen) war und vom Pony außerdem beim Putzen einen ›Stoß‹ bekommen hatte. Ich sagte, dass solche Dinge völlig normal seien und es überhaupt nicht schlimm sei, wenn ein Kind einen gröberen Stupser erhält oder mal im Dreck landet. Die Mutter erklärte mir dann, dass ihr Kind nun ein ›Trauma‹ habe und kein Pony mehr anfassen werde.«

Tennis-Mutti in Rage

»Ich bin sportlicher Leiter eines Tennisvereins. Einmal kam eine Mutter zu mir und verlangte Folgendes: Ich solle doch bitte beim Verband beantragen, dass ihr knapp 15-jähriger Sohn bei den unter 14-Jährigen mitspielen könne. Er sei noch nicht ausgewachsen und passe nicht in seine Altersklasse. Auf meine Antwort, dass der Verband diesen Antrag sicher zurückweisen würde, reagierte sie mit wüsten Beschimpfungen gegen das Trainerteam und warf mir vor, ›keine Eier in der Hose‹ zu haben. Nur eine Woche später kündigte sie die

Mitgliedschaft ihres Sohnes mit der Begründung, der Verein habe sich ihrer Familie gegenüber ›höchst unsensibel‹ verhalten. Bei seinem letzten Training brach der Junge in Tränen aus und verabschiedete sich schweren Herzens.«

Haben die Eltern dann schwitzend und keifend die gewünschten Erfolge ihrer Kinder im Sport herbeigeführt, kommt das nächste Ärgernis: Mannschaften, die ins Trainingslager fahren. Während sich die Kinder einfach freuen, schieben die Eltern Panik.

Trainingslager bringt Eltern ans Limit

»Vor zwei Jahren fuhr unser Verein mit zehn Kindern im Grundschulalter in ein Trainingslager in der Lüneburger Heide. Wir hatten ein großes Ferienhaus gemietet und die Eltern routinemäßig über die Räumlichkeiten und den Ablauf informiert. Bei uns gilt die Regel, dass Kinder im Grundschulalter keine Handys mitnehmen dürfen. Wer sich zu Hause melden möchte, kann ein Handy der Trainer benutzen. Der Vater eines Mädchens rief am zweiten Tag an und bestand trotz des Berichtes, dass es allen Kindern gut ginge, auf einem persönlichen Gespräch mit seiner Tochter. Die Tochter war sichtlich genervt von der Situation, verdrehte während des Telefonates mehrfach die Augen und antwortete monoton immer nur mit ›Ja‹. Der Fragenkatalog des Vaters reichte von ›Gibt es bei euch Betten?‹

über ›Habt ihr genug zu essen?‹ bis zu ›Willst du bleiben, oder sollen wir dich abholen?‹. Wie durch ein Wunder haben alle Kinder das Trainingslager überlebt.«

Natur, so gefährlich

Erinnern Sie sich an die ersten kleinen Mutproben in Ihrem Leben auch so, als wäre es gestern gewesen? Etwas potenziell Gefährliches zu probieren und an der Situation zu wachsen, ob sie nun gut ausgeht oder kleine Schrammen hinterlässt? Das ist aufregend und einzigartig. Helikopter-Eltern berauben ihre Kinder oftmals dieser Möglichkeiten. Leider. Auf Bäume klettern, schnitzen, Feuer machen? Das schreit doch nach Verletzungen.

Klettern und springen verboten
»Wir haben Freunde, die nicht mehr zu uns kommen wollen, weil sie es bei uns zu gefährlich finden. Unsere Kinder dürfen im Garten auf Bäume klettern, auf das Dach des Klettergerüsts steigen, Holz mit Kinderschnitzmessern bearbeiten und auf dem Trampolin springen. Weil die Kinder unserer

Freunde das alles sicherlich auch wollen würden, aber wegen der Verletzungsgefahr nicht dürfen, kommen sie lieber gar nicht mehr zu uns.«

Horror-Parcours

»Mein Sohn, acht Jahre, hatte einen Mitschüler, neun Jahre, zu Besuch. Ein gesundes, kluges Kind ohne Allergien. Die Kinder durften sich ohne Aufsicht im Garten aufhalten, auf einen Baum und über eine Leiter auf den Heuboden der Scheune klettern. Unter Aufsicht durften sie auf einer gepflasterten Fläche in einer Feuerschale Feuer machen und dort Stockbrot zubereiten. Das Holz für dieses Feuer hatten sie mit einer Bogensäge selbst zerkleinert. Die Mutter teilte mir am Folgetag mit, das sei unverantwortlich von mir gewesen: Mein Stockbrot enthalte Gluten. Das Kind habe ungewaschene Erdbeeren aus meinem Garten gegessen und hätte krank werden können. Das Feuer sei zu gefährlich gewesen. Und das Schlimmste: Das Kind hatte einen Splitter im Finger. Ich habe die Mutter gefragt, ob das Kinderzimmer des Jungen ein gepolsterter Laufstall sei. Der Junge durfte uns nie wieder besuchen.«

Am Gefrierpunkt

»Auf einem Wasserspielplatz, bei 25 Grad und Sonnenschein, lief die damals 15 Monate alte Tochter einer Bekannten in einem Schneeanzug über den

Platz. Unter diesem Schneeanzug trug sie einen
Pullover und eine lange Hose. Ihr selbst sei auch
immer so schnell kalt, erklärte die Mutter. Als das
kleine Mädchen es dann doch mal schaffte, in Richtung Wasser zu kommen, zog die aufgeregte Mutter
sie sofort zurück und verließ mit ihrer ›unterkühl-
ten‹ Tochter eilig den Spielplatz.«

Für Helikopter-Eltern ist es völlig normal, ihren Kindern keine Privatsphäre zu lassen – selbstverständlich
alles unter dem Deckmantel elterlicher Sorge. Mit
Smartphones geht das natürlich leicht, und Ortungs-
Apps sind schnell installiert. Und nach den folgenden
Anekdoten wissen Sie auch, warum Eltern ständig auf
ihre Telefone starren: Sie pflegen ihre Fake-Accounts.

Süßes, Saures, Spionage

»Ein wohlbehütetes, gutbürgerliches zehnjähriges
Kind möchte mit Freunden in den umliegenden
Häusern ›Süßes oder Saures‹ rufen. Das Kind ist
keine fünf Minuten unterwegs, da zückt der besorgte Vater sein Smartphone, um zu schauen,
wo sich das Kind befindet – er hatte eine Ortungs-
App auf dem Telefon seiner Tochter installiert.
Ich lachte darüber, aber er meinte darauf ganz
ernst: ›Ich interessiere mich schließlich für das
Wohl meiner Tochter.‹ Bin ich nun eine Raben-
mutter, weil ich mein Kind nicht ständig über-
wache?«

Big Brother is texting you

»Ein befreundetes Paar ist immer sehr besorgt um seine beiden Töchter. Ich konnte damit gut leben, bis sie mir erzählten, dass sie sich einen Whats-App-Account erstellt hatten – mit einer den Töchtern unbekannten Nummer, um als Gleichaltrige getarnt mit ihren Töchtern zu chatten. Ausgegeben haben sie sich als Schulkameradin. Sie überlegten gerade, ob sie einen zweiten, diesmal männlichen Fake-Account anlegen sollten, um zu sehen, wie die Mädchen reagieren.«

Es ist für alle Eltern schmerzhaft, wenn ihr Kind von anderen ausgeschlossen wird. Doch Helikopter halten das nicht aus. Sie rühren die Werbetrommel fürs eigene Schätzchen. Vielleicht haben die anderen einfach noch nicht begriffen, dass das eigene Kind das tollste ist und unbedingt mitspielen sollte?

Aufklärung

»Ein Klassenkamerad meines siebenjährigen Sohnes ist etwas rüpelhafter als andere. Weil er sich aber auch ausgeschlossen fühlt, klapperte seine Mutter seine Freunde ab, um ihnen anhand von Skizzen und pädagogischer Theorie zu erklären, wie die Konstellation der Jungen in der Schule ist, wer welche Rolle innehat und dass ihr Sohn sich ausgeschlossen fühlt. Sie unterstrich ihre Personenaufstellung, indem sie die ganz persönlichen Stärken und Schwächen jedes einzelnen Kindes mit denen ihres Kindes verglich. Mein Sohn verstand nur Bahnhof und meinte: ›Warum spielt er denn nicht einfach mit?‹«

Der Elterngeist ist schwach

Klar, Erziehung ist anstrengend. Ein »Nein« im Supermarkt kostet viel mehr Kraft, als schnell mal das zweite Eis zu bezahlen. Und Verbote wirken nur, wenn ihre Einhaltung auch kontrolliert wird – doch wer will schon so einen Stress? Über den Sinn von Strafen kann man sich streiten, fest steht aber, wer sie verhängt, macht sich nicht beliebt. Das allein auszuhalten, kann erschöpfend sein. Unsere Helikopter-Eltern umschiffen diese Probleme geschickt, indem sie ihre Nachgiebigkeit als Methode verkaufen. Da werden sogar ganz grundlegende Prinzipien des sozialen Miteinanders ausgehebelt.

Du sollst nicht stehlen? Ach, egal

»Bei einer privaten Geburtstagsfeier erwischte ich einen Zehnjährigen dabei, wie er mir einen Fünf-Euro-Schein aus der Jackentasche klauen wollte.

Als ich die Eltern darauf ansprach, wurde mir mit-
geteilt, dass ihr Sohn eben ein Einzelkind sei und
deswegen ein alternatives Verhältnis zum Thema
Eigentum ganz normal sei.«

Führe ihn nicht in Versuchung

»Es geht um den guten alten Adventskalender,
liebevoll selbst gepackte Päckchen, die an einem
Wandkalender baumeln. Mein Patenkind, vier Jahre
alt, bekommt jeden Morgen ein einzelnes Päckchen
hingehängt – er schaffe es sonst nicht, die anderen
Päckchen für die nächsten Tage hängen zu lassen,
so die Eltern.«

Zu schlau für den Adventskalender

»Der Dreijährige einer Freundin verliert kurz nach
dem Öffnen des ersten Adventskalendertürchens
die Fassung und verlangt, sofort alle vierundzwan-
zig zu öffnen. Seine Mutter erklärt ihm, dass er nur
dann ein Türchen öffnen dürfe, wenn er gerade
aufgewacht sei. Nach dem Mittagsschlaf fordert er
genau das also laut brüllend ein. Die Mutter knickt
ein und entnimmt den Inhalt aus Türchen vier-
undzwanzig, weil sie ihren Sohn so ›unglaublich
schlau‹ findet. Als er am selben Tag für wenige
Minuten im Autositz einschläft und kurz danach er-
wacht, geht das Ganze von vorne los. Auf meinen
Hinweis, dass Kinder das Warten lernen könnten,
ohne dass man ständig den Kalender nachfüllen

müsse, meint sie: ›Mag sein. Aber mein Sohn ist
einfach zu aufgeweckt.‹«

Etwas problematisch wird es mit dem *Laisser-faire*,
wenn andere Erwachsene hinzukommen. Die fragen
sich natürlich, warum die Kinder auf den Tischen tanzen und dafür noch bewundert werden.

Dinner in the Dark

»Wir waren bei Freunden zum Abendessen eingeladen. Die dreijährige Tochter hatte keine Lust
auf Essen und wollte lieber tanzen, was sie dann
auch durfte. Bald fiel der Kleinen ein, dass im Dun-
keln tanzen ja viel toller sei, und sie spielte mit
dem Lichtschalter im Raum. Nach einigen Sekunden
Stroboskoplicht gab der Vater den Kampf auf, und
das Licht blieb aus. Das Kind erlaubte zum Glück
eine kleine Lampe auf dem Schrank, sodass ich
meine Spaghetti noch finden konnte.«

Erziehen? Zu anstrengend

»Ich gehe mit einer Freundin spazieren, der Drei-
jährige im Buggy, das Laufrad für alle Fälle auch
dabei. Den ganzen Spaziergang lang dient sie dem
Kind: ›Mama, will laufen!‹ Nach zwanzig Metern:
›Mama, will Laufrad!‹ Nach weiteren zwanzig
Metern: ›Mama, Wagen und Handy!‹ Mama setzt
den Kleinen in den Buggy und vergisst, sofort das
Handy an ihn zu reichen. Das Kind schreit: ›MAMA

HANDY, JETZT!‹ Mama entschuldigt sich und reicht ihrem Sohn das Handy. Nach zwei Minuten: ›Mama, Kekse!‹ Mama reicht ihm die Kekse. Das zieht sich gefühlt endlos. Als wir am Parkplatz ankommen, bleibt der Junge mit seinem Laufrad zwanzig Meter vor dem Auto stehen und schreit: ›Mama, Laufrad tragen!‹ Ich sage zur Mama: ›Du bist einfach zu gut zu deinen Kindern!‹ Und sie antwortet: ›Ach, weißt du, man kann es sich auch schwer machen, ich reagiere einfach sofort auf die Bedürfnisse meiner Kinder und habe so keinen Stress!‹«

Von Veganismus und Nutella-Diät

Kleiner Tipp: Wenn Sie Menschen aus Ihrem Bekanntenkreis für Helikopter-Eltern halten, vermeiden Sie das Thema Essen. Es ist einfach zu schwierig, um es zu verstehen. »Seit Jahren ist das Essen das größte Thema bei uns, regelmäßig gibt es Beschwerden von den Eltern. Wir haben bereits dreimal den Anbieter gewechselt, aber es ist schwer, allen Bedürfnissen gerecht zu werden«, schrieb uns ein Anbieter von Feriencamps.

Tja. Wir sind ebenfalls ratlos, wenn wir Geschichten wie diese lesen:

Snack-Attack

»Freunde von uns haben einen knapp zwei Jahre alten Sohn. Seit er feste Nahrung zu sich nimmt, haben die beiden immer Tupperdosen dabei. Kaum haben sie einen Spielplatz, unsere Wohnung oder den Kinderwagen erreicht, kommt schon die Frage ›Willst du was essen? Willst du was trinken?‹ – und dem Kind werden Dosen mit Snacks und dazu passende Getränke hingehalten: Apfelschnitze, Bananenstückchen, Dinkelstange, Maispops, Gemüsemuffin, zuckerfreie Kekse ... So läuft der Zwerg bröselnd und spielend entweder durch unsere oder ihre Wohnung – er könnte ja sonst verhungern.«

Nutella? Nie gehört

»Wir waren mit einer befreundeten Familie an die Nordsee gefahren und hatten dort eine Ferienwohnung gemietet. Ich hatte, wie immer, wenn wir in den Urlaub fahren, ein Glas Nutella mitgebracht. Als ich es am ersten Morgen auf den Frühstückstisch stellte, rief die Mutter: ›Pack das weg! Mein Sohn soll das nicht sehen und mir im Supermarkt dann in den Ohren liegen!‹ Ich sollte dann den Aufstrich in eine Schale umfüllen und servieren – damit ihr Sohn das Etikett nicht kennenlernt.«

Hangry

»Während meiner Zeit als Au-pair in Kanada bat mich die Mutter des Jungen, die gerade gekauften Chicken Nuggets bei Fahrtwind aus dem Autofenster zu halten. Sie sollten schneller abkühlen – damit der Junge sie möglichst sofort bekommt, sonst würde er unruhig.«

Wir wollen die Welt vegan

»In unserem Dorf gab es jedes Jahr ein Straßenfest, zu dem jede Familie etwas zu essen mitbrachte. Jedes Jahr aufs Neue verlangte eine Familie, das mitgebrachte Essen solle vegan sein, weil ihr Sohn, zuletzt 16 Jahre alt, vegan ernährt werde. So kam es jedes Jahr zu Streitereien, da die restlichen Familien sich natürlich nicht darauf einlassen wollten. Schließlich nahm die Familie nicht mehr am Straßenfest teil und rief im darauffolgenden Jahr die Polizei wegen angeblicher Ruhestörung, da ihr Sohn bei dem Gelächter auf der Straße nicht schlafen konnte.«

Obst? Viel zu ungesund!

»Beim Elternabend in der Kita fragte eine Mutter allen Ernstes, ob man den Kindern statt Obst nicht etwas Gesünderes zum Essen geben könne. Etwas Gesünderes?, fragten sich die anderen Eltern und rätselten, was die Mutter meinen könnte. Die klärte ihr Anliegen dann rasch auf: In Obst sei doch so viel Fruchtzucker, das könne man einfach nicht gutheißen.«

Törtchen-Diät

»Eine Mutter kündigte beim Ferienworkshop an, dass ihr Sohn aufgrund einer Nahrungsmittel- unverträglichkeit eigenes Essen mitbringen würde. Nur die Pizza, die es bei uns immer am letzten Tag der Ferienwoche gibt, könne er mitessen. Das Essen, das der Junge täglich mitbrachte, bestand dann aus Süßigkeiten: Die kleinen Törtchen und Schokoladencreme mit Keks-Sticks machten nicht den Eindruck, als wären sie Teil eines Diätplans. Also fragte ich den Neunjährigen, was er denn für eine Unverträglichkeit habe. Er antwortete: ›Das weiß ich nicht, das haben mir meine Eltern nie gesagt.‹«

Der allerallerallerschönste Tag

Höhepunkt im Heli-Jahr ist zweifelsfrei der Kinder- geburtstag. An diesem Tag darf nichts schiefgehen, nichts fehlen, nichts dem Zufall überlassen werden.

Jeder Kinderwunsch soll sich erfüllen. Es ist auch der Tag der Wahrheit: Wie gut sind die Eltern wirklich? Die restlichen 364 Tage im Jahr können als Vorbereitungsphase gesehen werden. In dieser Zeit wird auf anderen Partys recherchiert, korrigiert – und zur Not gleich mitgefeiert. Happy Birthday.

Save the Date

»Ich wurde neulich zu einer WhatsApp-Gruppe mit dem Titel ›Frieda wird 6‹ hinzugefügt. Es war Anfang April, die Mutter wollte herausfinden, ob auch alle Gäste Anfang Juli Zeit haben würden. Als ein paar verneinten, schlug sie einen Alternativtermin Ende Juli zur Abstimmung vor. Dreieinhalb Monate im Voraus! Sie wollte ihrer Tochter nicht zumuten, dass sie auf eine ihrer Freundinnen verzichten muss.«

Achtung, Naschi-Polizei

»Auf dem vierten Geburtstag meines Kindes stellte eine Mutter, ohne zu fragen, alle Süßigkeiten weg. Ihr Sohn würde sich immer so maßlos darüber hermachen, das wolle sie verhindern, erklärte sie dann. Außerdem würde Kuchen ja reichen. Schließlich stellte sie noch ihr mitgebrachtes Wasser auf den Tisch. Kaum war sie weg, war es mir ein wahres Vergnügen, den Apfelsaft pur zu servieren und noch eine Tüte Gummibärchen zu holen.«

Gästeliste plus eins

»Die Tochter einer Kollegin hatte zum Kinder-
geburtstag mit Übernachtung eingeladen. Eine der
Freundinnen kam – mit ihrer Mutter im Schlepptau.
Die Mutter erklärte, sie müsse auch dort übernach-
ten, schließlich könne sie ihr Kind nicht ›allein‹
lassen.«

Gästeliste plus zwei

»Als ein Kind nicht zum neunten Geburtstag eines
Klassenkameraden eingeladen worden war, wollte
seine Mutter die Gastgeber mit Anrufen und Whats-
App-Nachrichten dazu bringen, ihren Sohn doch
auch noch einzuladen. Schließlich sprach sie sogar
persönlich vor und bat um eine Einladung.
Die Gastgeber ließen sich breitschlagen, das Kind
bekam eine Einladung. Daraufhin teilte die Mutter
mit, dass ihr Sohn an dem Tag aber schon ver-
abredet sei, das Verabredungskind müsse deshalb
auch mitkommen. Sie würde den Eintritt für das
Freizeitbad auch übernehmen. So geschah es dann
auch. Letztlich stellte sich heraus, dass es für den
Jungen völlig okay gewesen war, keine Einladung
bekommen zu haben. Nur seine Mutter hatte das
nicht ausgehalten.«

Zu viel Spaß ist auch ungesund

»Mein Sohn feierte seinen achten Geburtstag in
einem Indoor-Park. Er hatte einige Freunde einge-

laden, die Feier sollte von 10 bis 15:30 Uhr gehen. Einen Tag vor der Feier bekam ich von einer Mutter folgende Nachricht: Sie und vier andere Mütter fänden die Geburtstagsfeier zu lang, da könnte sich ja ein Kind vor Müdigkeit verletzen, wir sollten die Feier bitte eine Stunde früher beenden. Die fünf Kinder wurden tatsächlich früher abgeholt. Die anderen Gäste blieben länger – unverletzt.«

Da haben die anderen Gäste ja wirklich noch mal Glück gehabt. Wenn doch mal etwas passiert, und sei es eine noch so kleine Schramme, führt der Weg der Helikoptereltern direkt: in die **Notaufnahme**. Und dort geht's dann so richtig los – Diagnose, Uhrzeit und andere Notfälle? Völlig egal.

Diagnose »Eltern«: Helikopter in der Notaufnahme

Damit das gleich klar ist: Wir haben großes Verständnis für Eltern, die sich im Ernstfall um ihre Kinder sorgen. Die alles tun wollen, um deren Schmerzen zu lindern und ihnen Leid zu ersparen. Doch was, wenn die Kinder gar nicht so sehr leiden, wie die Eltern denken?

Tatsächlich sorgt offenbar häufig nicht eine Krankheit oder Verletzung für Qualen, sondern die übertriebene Angst der Mütter und Väter verursacht unnötigen Stress – bei Kindern, Ärzten und Pflegern. Und bei ihren Mitmenschen. Denn Helikopter-Eltern scheinen besonders gern nachts in Notaufnahmen aufzulaufen – weil ihr Nachwuchs eine Warze hat, ein geschwollenes Ohr oder einfach nicht mehr einschlafen will. Besonders strapaziös wird es, wenn Eltern wegen Lappalien den Rettungswagen rufen und dann auch noch alles besser wissen. So wie die Eltern des ruhig schlafenden Kindes mit erhöhter Temperatur, die zur Sicherheit lieber einen Krankenwagen mit Blaulicht kommen ließen – es hätte ja sein können, dass ihr Fieberthermometer kaputt ist. »Insgesamt haben viele Eltern einen Knall, und es ist extrem anstrengend, mit ihnen zu kommunizieren. Zum Glück bin ich kein Kinderarzt«, sagt ein Notfallmediziner.

»Das Kind mochte die Gummibärchen nicht« – warum Helis die 112 rufen

Wer den Notarzt ruft, ist in Panik. Denkt, dass der Zustand so bedrohlich ist, dass man die kranke oder verletzte Person nicht selbst zum Arzt oder ins Krankenhaus bringen kann. Dass jemand in Lebensgefahr sein könnte. Um welche Situationen es sich dabei handelt, definieren Helikopter-Eltern jedoch auf ihre ganz eigene Weise.

38,5 Grad Fieber – wir möchten eine Zweitmeinung

»Gegen zwei Uhr nachts fuhren wir mit Blaulicht zu einem Kind. Als wir ankamen, schlief der Neunjährige. Die Eltern waren jedoch hellwach.

Was sie uns berichteten, klang alles nach einem leichten fieberhaften Infekt. Auf Nachfrage kam heraus: Sie hatten eine Stunde zuvor bereits Fieber gemessen: 38,5 Grad – für Kinder also völlig undramatisch. Auf die Frage, was wir dann dort sollten, erklärten sie uns, dass sie ihrem Thermometer nicht trauen würden und eine Zweitmeinung einholen wollten. Wir erklärten ihnen, dass wir auch keine Hightech-Thermometer hätten, ließen das Kind schlafen und verließen genervt die Wohnung.«

Ein saures Gummibärchen = Krampfanfall

»Ich arbeite als Rettungsassistent. An einem Sonntagnachmittag wurde ich zusammen mit einem Notarzt zu einem krampfenden Kind gerufen. Als wir dort eintrafen, erwartete uns ein gut gelaunter Dreijähriger und eine hysterisch schreiende Mama nebst mehreren Verwandten: Ihr Sohn habe einen Krampfanfall gehabt. Das Kind saß völlig normal da und schaute ein Buch an. Auf die Frage, wie sich das Krampfen geäußert habe, erklärte die Mutter: Das Kind habe ein saures Gummibärchen gegessen, daraufhin das Gesicht verzogen und das Gummibärchen wieder ausgespuckt. Mehrmals versuchten wir zu erklären, dass dies kein Anfall war. Vergeblich. Die Mutter bestand mit Androhung einer Klage auf einen Transport in die Klinik.«

**Mein Teenagersohn hat Verspannungen,
bitte kommen Sie schnell!**
»Ein 16-Jähriger wird mit dem Rettungswagen gebracht – wegen Verspannungen. Mutti konnte ihn
nicht bringen, da der Zweitgeborene noch schläft.
Theoretisch hätte der Patient auch zum Hausarzt
gehen können.«

Oder zum Orthopäden. Oder zur Massage. Oder in die
heiße Badewanne.

Wenn der einzige Sohn Durchfall hat
»Ein 18-Jähriger wird nach Durchfall und Erbrechen
mit dem Rettungswagen zu uns in die Notaufnahme
gefahren. Ich teile der Mutter mit, dass erstens die
Symptome vorbei sind und zweitens ein gesunder
junger Mann so etwas zu Hause auskurieren kann.
Sie bricht in Tränen aus: ›Aber er ist doch mein
einziger Sohn!‹«

Ein Einsatz mit einem Krankenwagen kostet mehrere
hundert Euro, und nicht nur das: Wer grundlos einen
ruft, nimmt ihn vielleicht jemand anderem weg, der
ihn gerade wirklich dringend und schnell braucht. Vor
allem auf dem Land. Aber das kümmert Eltern im
Angstmodus überhaupt nicht. Die haben ganz andere
Sorgen. Was passiert, wenn Helikopter-Eltern auf
Rettungsdienste treffen, erzählt dieser Sanitäter:

So legt man einen Venenzugang

»Zunächst wird bei den Leitstellen Druck gemacht, dass ein Notarzt dazugeholt wird – selbst bei Bagatellen. Sobald wir ankommen, kontrollieren die Eltern unsere Dienstausweise und rufen bei der Wache an, ob wir dort auch wirklich arbeiten. Dann wird der Rettungswagen peinlichst genau begutachtet, ob auch alles Gefährliche weggeschlossen ist. Wenn wir einen Venenzugang legen müssen, zeigen die Eltern uns anhand von YouTube-Videos oder Google-Bildern, wie man das macht. Gern reißen sie uns auch die EKG-Bilder aus der Hand, die fürs Krankenhaus bestimmt sind.«

Noch unglaublicher ist nur das, was eine Passantin nach einem Unfall beobachtete:

Mitfahrgelegenheit

»Sanitäter legten einen offenbar schwer verletzten Mann auf eine Trage, um ihn herum viel Blut.
Als sie ihn gerade in den Krankenwagen schieben wollten, hielt eine Mutter mit Kind auf dem Kindersitz mit ihrem Fahrrad an.
Mutter: ›Mein Kind kommt mit! Wir sind gerade wegen Fieber auf dem Weg zum Arzt, aber da Sie jetzt zufälligerweise schon hier sind …‹
Notarzt: ›Wir müssen uns erst um den sterbenden Mann hier auf der Trage kümmern. Ihr Kind wäre mit Ihrem Fahrrad schneller beim passenden Arzt

als mit uns. Sie waren ja gerade eh auf dem
Weg ...‹

Mutter: ›Können Sie mich dann bitte krankschrei-
ben? Ich muss ja bei meinem Kind bleiben.‹

Notarzt: ›Sie fahren jetzt bitte zu Ihrem Arzt!‹«

»Unsere Kinder haben gar nichts, aber wir wollen in den Urlaub« – irre Szenen aus der Notaufnahme

Immer wieder erstaunlich ist, wie sehr Helikopter-
Eltern die Realität um sich herum ausknipsen können.
Und dass ihnen offenbar gar nichts peinlich ist.

Die schwere Krankheit namens Pubertät

»Ein Vater kam mit seiner 11-jährigen Tochter zu
uns in die Notaufnahme und machte einen Riesen-
aufstand: Er müsse sofort drankommen, seine Tochter sei schwer krank. Bei der Anamnese erzählte er,
dass er einen Tumor auf ihrer Brust entdeckt habe.
Bei der Untersuchung entpuppte sich der Tumor als
zunehmendes Brustdrüsengewebe – das Mädchen
kam gerade in die Pubertät.«

Baby, it's cold outside

»Ich arbeite seit sechs Jahren in einer Kindernotaufnahme. Jeden Tag kommen Eltern zu uns, bei
denen wir oft nur noch den Kopf schütteln können.
So ließen sich Mutter und Vater nachts mit ihrem
dreijährigen Sohn im Rettungswagen zu uns bringen. Sie waren schon am Nachmittag da gewesen,
die Diagnose: ein harmloser allergischer Ausschlag,
zu behandeln mit Fenistil-Tropfen. Das Problem
nun: Der Ausschlag war noch nicht ganz weg, und
dem Kind schmeckten die Tropfen nicht. Und
warum mit dem Rettungswagen? Sie besaßen kein
Auto, und die Nacht war kalt. Die Familie wohnt in
der Parallelstraße unserer Klinik. Das Kind hat
dann im Wartezimmer fröhlich gespielt. Und für die
Eltern war es unerklärlich, dass sie nicht gleich
drankamen – schließlich waren sie doch mit dem
Rettungsdienst gekommen.«

Besonders nachts treibt es Helikopter-Eltern in die
Notaufnahme. Dann, wenn eigentlich nur die echten
Notfälle kommen sollten. Weil ja auch Ärzte mal Ruhe
brauchen. Doch wenn Eltern vor lauter Sorge kein
Auge zukriegen, darf auch sonst niemand schlafen. Oft
handelt es sich aber auch einfach nur um puren Egoismus – schließlich geht's hier doch schneller als tagsüber beim Kinderarzt, oder etwa nicht?

4:00 Uhr in einer großen Uniklinik:

»Ich arbeite an der Information eines großen Universitätsklinikums. Immer für ein Kopfschütteln gut sind die Eltern, die es völlig normal finden, von mir zu verlangen, sonntagnachts um vier Uhr den Notdienst im Haus zu wecken, weil ihr Kind seit zwei Wochen eine Warze hat. Denn die müsse nun unbedingt sofort entfernt werden.«

4:30 Uhr in der Notaufnahme einer Kinderklinik:

»Unsere beiden Kinder haben eigentlich nichts, aber wir wollen sie bitte untersuchen lassen. Wir fahren morgen in den Urlaub und wollen nicht, dass sie währenddessen krank werden.«

3:00 Uhr in einem Krankenhaus:

»Ich bin Ärztin und wurde mal um drei Uhr nachts während meines Dienstes geweckt. Ein Vater war mit seinem Zweijährigen zu uns gekommen, nachdem der Junge aufgewacht war und nicht mehr einschlafen wollte. Das Kind spielte quietschvergnügt in unserem Wartezimmer.«

23:30 Uhr in einer Kindernotaufnahme:

»Ich bin Kinderchirurgin in einer großen Abteilung. Generell sind circa achtzig Prozent der Vorstellungen in unserer Notaufnahme keine Notfälle. Einige Vorfälle lassen mich aber schlicht am Verstand der Eltern zweifeln. So an einem späten Samstagabend im Hochsommer. Wie fast jeden Tag stehen mehrere Fälle mit der Diagnose ›Zecke‹ an unserem Not-aufnahmebrett. Leidiges Übel, aber gut, drücke ich den Eltern halt eine Pinzette in die Hand und er-kläre ihnen, wie man sie benutzt. In dieser Nacht aber steht mir eine aufgelöste Mutter gegenüber. Sie beklagt sich, dass ihr sechsjähriges Kind an Bauch und Oberschenkel ›so ein kleines, ekliges Tier‹ hat. Das erste Mal sei es ihr nach dem Baden aufgefallen, aber sie habe nicht so genau hingu-cken wollen, weil diese Tiere ja ›total eklig‹ seien. Ich schaue mir also die vermeintlichen Zecken an und bitte auch die Mutter, sie genauer anzusehen. Sie weigert sich. Das Kind gerät langsam in Panik. Um der Sache ein Ende zu setzen, bitte ich das Kind, einmal auf seinen Bauch zu pusten. Es han-delte sich nämlich nicht um Zecken, sondern um Fusseln des Badehandtuchs. Die Mutter verabschie-det sich daraufhin erleichtert mit den Worten: ›Gut, dass wir hergekommen sind!‹«

Ja, total gut, dass Sie hergekommen sind. Wer weiß, was sonst passiert wäre. Himmel! Auch in den folgen-den Fällen brauchten eher die Eltern eine Behandlung als die Kinder. Die sind nämlich kerngesund.

Mitternacht in einer Kindernotfallambulanz:
»Eine Mutter erschien mit ihrem vier Wochen alten Säugling. Der Grund: ›Schwellung am Ohr‹. Alle

Vitalparameter waren normal, das Kind schlief ruhig und zufrieden. Und das Ohr? Das war nicht geschwollen. Die beiden Ohren hatten lediglich eine leicht unterschiedliche anatomische Form. Zehn Minuten lang versuchte ich dieser Frau zu erklären, dass kein Mensch völlig symmetrisch ist. Doch leider war sie weder einsichtig noch freundlich oder mit meiner Erklärung zufrieden, sodass ich mich schließlich nur kopfschüttelnd verabschieden konnte mit den Worten: ›Ich gratuliere Ihnen zu einem kerngesunden Kind!‹«

4:00 Uhr in der Kindernotaufnahme:
»Ich werde aus dem Bett gerufen. Die Diagnose der Schwestern lautet: ›gesundes Kind‹. Die Eltern stellen ein anderthalbjähriges Mädchen vor, das sich vor drei Tagen in der Kita den Ellbogen aufgeschrammt hat. Voller Sorge berichtet der Vater, ihm sei aufgefallen, dass sich die Kruste abgelöst habe und die neue Haut darunter ganz rot sei. Zunächst habe er überlegt, dass das ja vielleicht normal sei, aber nachdem er sein Kind ins Bett gebracht hatte, habe er sich die ganze Nacht Gedanken gemacht und deshalb schließlich das Kind geweckt und es in die Notaufnahme gebracht.«

Natürlich stecken solche Eltern ihre Kinder mit ihren maßlosen Unsicherheiten an.

4:00 Uhr in der Notfallchirurgie:

»Als Chirurg während eines 24-Stunden-Bereitschaftsdienstes wurde ich sonntagnachts zu einer Patientin mit verletztem Finger in die Notaufnahme gerufen. Im Flur saß die besorgte Mutter, im Behandlungsraum ihre 16-jährige Tochter mit ausgestrecktem Zeigefinger. Auf den ersten Blick ohne jegliche Verletzungszeichen.

Ich: ›Guten Morgen, was führt Sie zu uns?‹

Jugendliche: ›Wenn ich meinen Finger beuge, dann tut's weh.‹

Ich: ›Haben Sie sich verletzt?‹

Jugendliche: ›Nein. Aber als ich schlafen gegangen bin, hat es nicht wehgetan.‹

Auch bei der Untersuchung konnte ich am Finger nichts finden.

Ich: ›Haben Sie es mit Schmerzmitteln versucht?‹

Jugendliche: ›Nein, ich halte nichts davon, ich wollte nur etwas Schlimmes ausschließen.‹

Ich: ›Was denn?‹

Jugendliche: ›Ich weiß nicht, Sie sind der Arzt ...‹.«

Völlig instinktlos
in der Arztpraxis

In der Praxis einer Ergotherapeutin schreiben die Mitarbeiter auf die Akten von Kindern mit Helikopter-Eltern einfach nur: »Diagnose Eltern«. Das trifft es wohl am besten. Auch hier quellen die Wartezimmer über vor Patienten, die schlicht hypochondrische Erzeuger haben. Eine Ärztin aus einer großen Landarztpraxis berichtete uns von Eltern, die wegen Mückenstichen kommen oder weil sich das Kind erbrochen hat. Ihre Beobachtung: »Es gibt viele überbesorgte Mütter und Väter, die verlernt haben, auf ihre Instinkte zu hören.«

Das erschwert den Ärzten natürlich die Arbeit. Und viele Eltern verhalten sich dabei nicht nur übergriffig, sondern auch extrem dreist.

Mausi, Mami macht das schon

»In meiner Diabetes-Sprechstunde betreue ich auch Kinder und Jugendliche. Außer der Tatsache, dass sie Diabetes haben, geht es ihnen zumeist sehr gut. Trotzdem finde ich die Entwicklung oft problematisch. Frage ich zum Beispiel zehnjährige Kinder, wie es ihnen geht, schauen sie kommentarlos ihre Mutter an, die dann antwortet. Das geht bei einigen locker bis Mitte zwanzig so. Selbst als junge Erwachsene kommen sie immer noch mit ihrer Mutter in die Sprechstunde, und die Mutter verwaltet auch die komplette Erkrankung, bestellt Rezepte und führt teilweise noch das Blutzuckertagebuch. Ich versuche, mich primär mit den Kindern zu unterhalten. Es gibt aber viele Mütter, die das überhaupt nicht tolerieren und das Kind nie zu Wort kommen lassen.«

Keine Sorge, Schatzi – Karius und Baktus gibt es nicht

»Kontrolle der festen Zahnspange, überall sind noch Essensreste im Mund. Ich erkläre dem bockigen Teenager, dass Mundhygiene sehr wichtig ist, weil sich sonst Karies bilden könnte. Während der Junge seine Zähne putzt, spricht mich seine Mutter an: Ich solle mich am besten gleich bei ihrem Sohn dafür entschuldigen, dass ich von so schlimmen Dingen gesprochen habe. Es sei schon schwierig genug gewesen, mit ihm herzukommen, und sonst würde er das nächste Mal gar nicht mehr ins Auto steigen wollen.«

Klar, Spatz, spiel ruhig mit den Medikamenten

»Eine Patientin bringt ihren sechsjährigen Sohn mit in die Sprechstunde. Während wir sprechen und ich sie untersuche, räumt der Junge meinen Medikamentenschrank aus und wirft alle Schachteln durch das Zimmer. Ich sage ihm, dass das nicht geht und er die Medikamente wieder einräumen

müsse. Seine Mutter daraufhin entrüstet zu mir:
›Sie sind aber unfreundlich, mein Sohn braucht
doch etwas zum Spielen.‹«

Globuli statt Gips

»Im Behandlungszimmer spalten sich die Heli-Eltern
in zwei Lager«, erzählt eine Krankenhausmitarbeiterin.
»Die einen, die darauf bestehen, dass ihr Kind – völlig
egal, was es hat – stationär aufgenommen wird, natürlich in ein Einzelzimmer. Und die anderen, die ein
krankes Kind, das eigentlich aufgenommen werden
müsste, wieder mit nach Hause nehmen, weil sie nicht
wollen, dass es zur Blutentnahme muss und gepikst
wird.« Diese Gruppe Eltern lehnt häufig auch Medikamente und dringend notwendige Behandlungen ab –
mit zum Teil krassen Folgen.

AHHH, mein Kind ist SO NERVÖS!!!
»Immer häufiger erscheinen Mütter mit ihren Kleinkindern in der Praxis und bitten darum, dem Kind
ein Beruhigungsmittel zu verschreiben, weil es so
›nervös‹ sei. Aber bitte ›ein pflanzliches, weil die

chemischen ja so schädlich sind‹. Während dieser Wunsch vorgetragen wird, sitzt das Kind entspannt mit einem Buch in der Ecke des Sprechzimmers. Die Mutter hingegen rutscht unruhig auf der Stuhlkante hin und her oder wippt die ganze Zeit hektisch mit einem Fuß. Wer hier nervös ist, ist unübersehbar.«

Was das Pendel sagt

»Als Rettungsassistent wurde ich zu einem Jungen gerufen, der beim Skateboardfahren gestürzt war. Unsere erste Untersuchung ergab, dass er sich vermutlich die Schulter gebrochen hatte. Als wir fertig waren, kramte seine Mutter ein Pendel heraus. Sie ließ es einige Male über ihm schwingen und kam zu dem Schluss, dass ihrem Jungen nichts fehle und alles in Ordnung wäre. Obendrauf gab es dann noch eine Handvoll Globuli. Leider lag die Mutter mit ihrer Pendel-Theorie daneben, der Junge hatte mehrere Knochenbrüche. Sie weigerte sich jedoch zunächst, die ärztliche Aufklärung zu unterschreiben, weil sie nicht die Verantwortung übernehmen wollte. Tatsächlich steckt hinter der angeblichen Fürsorglichkeit meistens nur blanke Angst und maßlose Überforderung.«

Woran das wohl liegt

»Ich bin Ärztin in einer großen Landarztpraxis. Kürzlich suchte mich ein 30-jähriger Mann auf. Mit den Worten ›Ich bin seine Mutter!‹ drängte sich

auch seine Mami ins Sprechzimmer. Sohnemänn-
chen versank aschfahl und unrasiert im Stuhl,
Mami begann zu erzählen: dass er immer krank sei,
müde, antriebslos. Bestimmt habe er all diese
Krankheiten, die sie auch habe, als da wären ...
Nach umfangreichen Laboruntersuchungen kam
heraus, dass der ›Junge‹ lediglich einen Vitamin-D-
Mangel hat. Mami kauft jetzt Vitaminpillen – und
Söhnchen kifft fröhlich weiter.«

Helikopter-Eltern sind ja grundsätzlich einem Miss-
verständnis aufgesessen: Sie denken, dass sie ihrem
Kind etwas Gutes tun, wenn es immer seinen Willen
bekommt. Deshalb dürfen manche Kinder auch ganz
allein entscheiden, ob sie vom Arzt behandelt werden
oder nicht. WTF.

Wer hat Lust auf den Zahnarzt?
»Ich bin Zahnärztin. Immer wieder höre ich, wie
Eltern ihre Kinder fragen, ob sie behandelt werden
wollen. Als ob Kinder eine solche Notwendigkeit
einschätzen könnten! Ich bin recht erfolgreich mit
Kinderbehandlungen, und die kleinen Patienten
sind selten schwierig, wenn ihnen vorher erklärt
wird, dass etwas gemacht werden müsse. Es sind
die Eltern, die oft Probleme machen.«

Unsere Tochter will halt nicht sprechen
»Als Logopädin behandelte ich ein Mädchen mit

einer schweren Sprachentwicklungsverzögerung.
Trotz der Dringlichkeit der Behandlung sagten die
Eltern Termine häufig ab, weil die Fünfjährige ›keine Lust auf die albernen Spiele‹ habe, sondern
lieber herumrennen würde. Auch gefiele ihr die
Uhrzeit nicht, da genau dann ihre liebste Sendung
im Kinderkanal laufen würde. Und überhaupt:
Warum der Kinderarzt das Kind als sehr therapie-
bedürftig bezeichnet habe, bliebe der Mutter auch
verschlossen – das Mädchen habe halt keine Lust
zu sprechen.«

Unser Sohn will eben keine Übungen machen

»Ich bin Physiotherapeutin in einer auf Kinder spe-
zialisierten Praxis. Ein Fünfzehnjähriger wurde aufgrund seiner Rückenschmerzen zu mir überwiesen.
Kein Wunder, schließlich hatte der Jugendliche
weniger Muskeln als ein nasser Sack. Also legten
wir los: muskelaufbauende Übungen, jeweils zwanzig Wiederholungen. Am Tag danach rief mich seine
Mutter an: Ihr Sohn wäre nicht in der Lage wieder-
zukommen, wenn er weiter so hart trainieren müsse. Zwanzig Wiederholungen seien einfach zu viel.
Dass ich die gleichen Übungen in meiner Ü65-
Frauensportgruppe mache, hat nicht verfangen.«

Unser Sohn will aber nicht behandelt werden

»Ich bin Kinderkrankenschwester. Bei uns lag ein
zweijähriger Junge mit einer schlimmen Lungen-

entzündung und akuter Atemnot. Er sollte sechsmal täglich inhalieren. Ich ging also in das Zimmer und sagte den Eltern, dass es nun an der Zeit sei zu inhalieren und dass Kinder das in der Regel nicht mögen, es aber sehr wichtig für die Genesung ist. Sobald das Inhalationsgerät an war, schrie das Kind und wehrte sich mit Händen und Füßen.

Ich: ›Sie müssen Ihr Kind gut festhalten.‹

Vater: ›Nein, er möchte das aber nicht.‹

Ich: ›Es muss leider sein. Ihr Kind bekommt nur schwer Luft und muss dringend mit diesen Medikamenten inhalieren. Wenn Sie möchten, halte ich Ihr Kind.‹

Vater: ›Ist das Ihr Ernst? Ich bin absolut gegen körperliche Gewalt. Wenn er das nicht möchte, dann ist es so. Er hat diese Entscheidung getroffen, und das müssen wir akzeptieren.‹«

Eltern gehen ja mit ihren Kindern nicht nur zum Arzt, sondern auch zum Einkaufen, sie fahren Bahn, Bus oder ins Hotel. Was einige Mütter und Väter an diesen **öffentlichen Orten** für normal halten und ihren Kindern erlauben, lesen Sie im nächsten Kapitel. Spoiler: Die Welt ist eine Kinderpartyzone.

Möchtest du vielleicht, bis das Essen kommt, mit dem Herrn hier spielen ?
H&B

Joschka turnt im Biosupermarkt: Ärger in der Öffentlichkeit

Sollte man es eigentlich als Privatsache ansehen, wie sehr ein Kind verzogen wird? Die meiste Zeit des Tages wohl schon. Wenn Helikopter-Eltern mit ihrem Kleinkind allein sind, erledigen sie die irrsten Dienstleistungen. Kein Verbot und kein Nein kommt dem anarchischen Kinderwillen in die Quere. Doch so ein Übermaß an Verhätschelung birgt Schwierigkeiten.

Das zeigt sich sofort, wenn die Hubschrauber mal ihre Basis verlassen. Helikopter-Eltern und ihre Schnuckis gehen ihrer Umwelt dann mitunter brutal auf die Nerven: Erwachsene können stundenlang kein Wort wechseln, weil nonstop Kinder dazwischenfunken (und ihre Eltern sie lassen). Im Supermarkt werden die Schokoriegel schon vor der Kasse gekostet, der öffentliche Nahverkehr taugt als prima Kletterpark, und auf dem Schulhof pinkeln Kinder in die Ecke, weil sie keine Lust haben, zur Toilette zu laufen (das haben wir selbst beobachtet).

Wundersame Szenen spielen sich auch in der Gastronomie ab: »Restaurants in Berlin scheinen Spielplätze zu sein, wo alles erlaubt ist«, schrieb ein Leser aus Frankreich, der mehrere Jahre im Stadtteil Prenzlauer Berg gelebt hat. »Die Eltern schreiten nie ein. Als wäre es eine Art von Kindesmisshandlung, Grenzen zu setzen.« Von sozialem Miteinander keine Spur – denn Heli-Kids dürfen alles, immer und überall.

Kinder, legt die Füße hoch

Kinder sind laut, machen Dreck, drängeln sich vor – und je jünger sie sind, desto schriller ihr Kreischen, verschmierter die Gummistiefel, verwüsteter ihr Zugabteil. Völlig normal. Kleine Kinder sind deshalb in öffentlichen Verkehrsmitteln nicht gerade der Traum von Mitreisenden. In einer Welt, in der Menschen rücksichtsvoll miteinander umgehen, müssten diese Situationen trotzdem zu bewältigen sein. Doch Kinder von Helikoptern kennen kaum Grenzen. Und die Eltern entwickeln ihr grenzenloses Verständnis nur in die eine Richtung. Wehe, sie werden kritisiert! Dabei wäre es in den meisten Fällen wohl mit einer kurzen Entschuldigung getan.

Das ziehen Sie sich bitte rein!

»Im ICE von Frankfurt nach Stuttgart spielten gegen 22:00 Uhr zwei etwa drei und fünf Jahre alte Kinder im Großraumwagen laut kreischend Fangen, lächelnd betrachtet von ihrer Mutter. Da ich keine Lust auf Diskussionen hatte, verließ ich wortlos den als Ruhezone ausgewiesenen Wagen. Da beschimpfte mich die Mutter als Kinderfeind.«

Ganz lässig *Laisser-faire*

»In einem Ruhewagen habe ich das Pech, an einem Tisch mit zwei Kindern und ihrer Mutter zu sitzen, auch der Vierertisch daneben ist von einer Familie belegt. Die Kinder schreien während der Fahrt den gesamten Wagen zusammen. An Lesen ist nicht zu denken, die Eltern scheinen immun zu sein. Kurz vor meinem Ausstieg rede ich kurz mit der Mutter und erkläre ihr, ich hätte selten so schlecht erzogene Kinder erlebt. Antwort der Mutter: ›Wir wollen eben so erziehen.‹«

Das bisschen Treten!

»Ich fliege öfter nach Mallorca, und natürlich sind immer viele Familien mit Kindern an Bord. Mehrfach ist es mir passiert, dass hinter mir kleine Kinder saßen, die mich mit den Füßen permanent in den Rücken traten. Jedes Mal, wenn ich die Eltern ansprach, wurden diese ausfallend. Ich wünsche mir kinderfreie Zonen in Flugzeugen.«

Einige Eltern halten es auch nicht für notwendig, ihre Kinder an Regeln zu gewöhnen, die für alle gelten. Die Prinzen und Prinzessinnen müssen natürlich niemanden aussteigen lassen oder gar reservierte Plätze freigeben.

Mein Kind hat Vorfahrt

»Eine Straßenbahn hält an, etwa zehn Menschen wollen aussteigen. Das wird jedoch von einer Mutter mit einem vierjährigen Jungen verhindert, die dringend einsteigen will. Auf den Hinweis eines Fahrgastes, erst mal alle aussteigen zu lassen, antwortet sie empört: ›Also bitte, mein Sohn will hier einsteigen!‹«

Klären Sie das doch selbst

»Der ICE ist sehr voll, die eingestiegenen Fahrgäste quetschen sich den schmalen Gang entlang. Eine gehbehinderte ältere Frau vor mir hat ihr Abteil gefunden und möchte auf ihren reservierten Platz. Doch auf diesem hat sich ein dreijähriger Junge breitgemacht. Die Frau bittet die Mutter um Platzfreigabe. Die ganz lässig: ›Das müssen Sie schon mit Roman selbst diskutieren.‹«

Absolutes Unverständnis offenbaren Helikopter-Eltern auch, wenn es darum geht, für den Dreck ihrer Kinder Verantwortung zu übernehmen. Da kann sich die Allgemeinheit ja wohl mal ein bisschen locker machen, oder?

Endreinigung inklusive

»Im Zug setzt eine Mutter ihr Kind samt stark ver-
schmutzten Schuhen auf das Polster. Als ich die
Mutter darauf anspreche, setzt sie sich und das
Kind mitsamt den Schuhen auf einen anderen
Platz. Ich weise noch mal auf die verschmutzte
Sitzfläche hin und bekomme als Antwort: ›Dafür ist
das Personal da. Ich habe schließlich bezahlt.‹«

Wo ist das Problem?

»Es ist Januar, eine Mutter mit ihrer etwa fünfjährigen Tochter steigt in die Straßenbahn. Die Kleine
stellt sich mit schneematschverschmierten Gummi-
stiefeln auf den Platz am Fenster mir gegenüber.
Nachdem das Kind den Sitz ausgiebig verdreckt
hat, setzt es sich und baumelt mit den Beinen,
bis ich einen nassen Fleck am Knie habe. Das Kind
sieht mich an und verzieht keine Miene. Die Mutter,
die alles mitbekommen hat, tut nichts. Das Kind
beginnt wieder mit den Beinen zu wippen – und
stößt mich erneut an, guckt mich wortlos an, die
Mutter tut nichts. Ich sage zu der Mutter: ›Können
Sie Ihrem Kind bitte sagen, dass es das lässt?‹
Die Mutter: ›Aber sie ist doch ein KIND!‹«

Mach dich mal locker

»In der S-Bahn liegt ein Kindergartenkind mit dem
Kopf auf Mamas Schoß. Es krümelt mit einem Crois-
sant herum, bis die Mutter eine Tupperdose mit

losen Weintrauben öffnet, von denen bald einige durch den Waggon rollen. Das Kind hüpft vom Sitz, trampelt mir auf den Fuß. Ich sage ›Autsch‹ und versuche, erschrocken zu gucken, doch es kommt keine Reaktion, weder von Kind noch Mutter. ›Man kann sich auch entschuldigen‹, sage ich. Antwort der Mutter: ›Der Fuß ist ja noch dran.‹«

Rambazamba im Gemüse

Kinder lernen die Welt kennen, indem sie mit ihr spielen. Ihr Experimentierdrang ist dabei wohl so unerschöpflich wie lästig. Hin und wieder muss er deshalb aus sozialen Gründen etwas eingedämmt werden, sonst würde schlicht das Chaos regieren. Was schade ist, wenn man es aus den Augen der kleinen Anarchisten betrachtet, denn Supermärkte wären andernfalls eine riesige Partyzone. Kurios ist, dass Helikopter-Eltern die Welt *tatsächlich* mit den Augen ihrer Kinder sehen und Ladengeschäfte *tatsächlich* ganz selbstverständlich zur Belustigung nutzen. Ihre Schätzchen sollen sich voll entfalten, dazu braucht es eben etwas Rambazamba in der Gemüseabteilung.

Formel EDEKA

»Eigentlich sind die kleinen Einkaufswagen für Kinder eine gute Idee. Wenn die Kinder damit jedoch anderen Kunden gegen die Schienbeine oder in die Fersen fahren, kann das sehr schmerzhaft sein. Als ich einmal eine Mutter ansprach, dass sie ihren kleinen Rennfahrer bitte zur Vorsicht auffordern möge, musste ich mir Kinderfeindlichkeit vorwerfen lassen.«

Frontbericht aus dem Supermarkt

»Einige Eltern akzeptieren, dass Kinder aus nicht gekauften Süßigkeitentüten etwas entnehmen und diese wieder ins Regal zurückstellen. Das nenne ich Diebstahl. Auch, dass angegessene Sachen auf das Band gelegt werden, finde ich unmöglich, denn Warten muss irgendwann erlernt werden. Oft beobachte ich Eltern, die ihren Kindern häufig drohen, aber nichts unternehmen, wenn Verbote überschritten werden – obwohl das Kind geradezu erwartet, dass konsequent vorgegangen wird.«

Zweiradshow vor dem Eierregal

»Zwei Mütter mit jeweils einem Kind unterhalten sich im Supermarkt darüber, was die Kinder schon können. Ein Kind sitzt noch im Buggy, das andere hat sein Laufrad mit in den Supermarkt genommen. Da sagt die Mutter: ›Mariella, zeig mal der Kathrin,

wie toll du schon Laufrad fahren kannst!‹ Ich denke
noch: Wie jetzt, hier?, stelle reflexartig den Eier-
karton zurück ins Regal – und Mariella flitzt los.«

Danke sagen? Muss nicht sein

»Es ist der 6. Dezember, und beim Bezahlen bekommt ein etwa Achtjähriger einen Schokonikolaus
geschenkt. Das Kind haut mit seinen Fäusten auf
das Laufband. Seine Mutter: ›Torben-Hendrik,
stehst du jetzt mal bitte auf und bedankst dich für
den Nikolaus?‹ Torben-Hendrik nimmt den Nikolaus,
reißt das Papier ab, beißt genüsslich den Kopf ab
und ruft: ›Nein!‹ Die Mutter: ›Gut. Das ist deine
Entscheidung.‹«

Demokratie

»Im Biosupermarkt schiebt ein kleiner Junge einen
großen Einkaufswagen vor sich her. Die Mutter
befindet sich zwar in Sichtweite, ist aber mit dem
Begutachten verschiedener Produkte beschäftigt.
Das Kind fährt mit Karacho in die Obstauslage, es
kracht, Obst kullert. Dann wird es verdächtig still:
Das Kind untersucht mit Hingabe die Konsistenz
der Heidelbeeren in Griffweite. Kunden werfen sich
Blicke zu, die Mutter aber ist in die Zutatenlisten
vertieft. Als das Obst seinen Reiz verliert, fährt
das Kind mit dem Einkaufswagen zuerst in die Ha-
cken einer Frau, dann eines Rentners, der den Jungen ermahnt: ›Lass das, kleiner Mann!‹ Erst jetzt

reagiert die Mutter, äußerst genervt: ›Joschka, das haben wir doch schon tausendmal diskutiert.‹«

»Unser Junior hat halt Tarzan gespielt«

Bei Tischsitten scheiden sich die Elterngeister: Den einen reicht es schon, wenn die Kinder überhaupt etwas essen, andere investieren viel Energie, ihrem Nachwuchs das Besteck an- und das Reden mit vollem Mund abzugewöhnen. Das bleibt jedem selbst überlassen – in Restaurants allerdings fliegt der Mach-doch-wie-du-willst-Fraktion ihr Erziehungsstil oft um die Ohren. Diese Eltern lassen dann ihre Kinder völlig frei drehen, vermutlich, weil sie selbst endlich mal ihre Ruhe haben wollen. Wer sich da beschwert, ist halt voll kinderfeindlich, aber echt.

Zucker braun-weiß

»Ich arbeite in einem Fünfsternehotel. Was man dort mit Kindern erlebt: Sie spielen Fangen im Restaurant, die Tische sehen nach dem Essen aus wie nach einem Kampf. Am besten wird es am

Abend ab 21 Uhr, wenn Kinder längst im Bett liegen sollten. Sie rennen von Tisch zu Tisch und pusten die Kerzen aus oder löffeln aus offenen Zuckerschalen den weißen Zucker in den braunen und umgekehrt.«

Wie im Zoo

»Ich sitze in einem Restaurant, in dem es ein Aquarium gibt, und ein sehr junger Vater stellt sein Kind direkt mit den Schuhen vor meinen Teller, damit es die Fische beobachten kann. Dabei würdigt er mich keines Blickes. Ich sage: ›Können Sie bitte Ihr Kind von meinem Tisch nehmen?‹ Es folgt eine wüste Beschimpfung, und ich habe dann einfach gar nichts mehr gesagt, um die Situation schnellstmöglich zu beenden.«

Tolle Lianen hier!

»Ich habe in einem Hotel gearbeitet, das auch Ferienwohnungen anbietet. Eines Tages kommt das Zimmermädchen an die Rezeption und teilt mit, dass Gardinen und Vorhänge in einer Ferienwohnung mitsamt Vorhangstangen und Dübeln heruntergerissen seien. Als wir die Eltern beim Auschecken freundlich fragen, was denn da passiert sei, antwortet der Vater: ›Ach, unser Junior hat halt Tarzan gespielt.‹ Junior war etwa sechs Jahre alt. Das Tarzan-Spielen hatte im Beisein der Eltern stattgefunden, und sie hatten es nicht für nötig

gehalten, von selbst den Schaden zu melden. Sie
wären ohne ein Wort abgereist.«

Noch etwas Suppe, der Herr?
»Wir sitzen im Hotel an einem Tisch in der Nähe
des Buffets. Ein Fünfjähriger holt für seine Eltern
aus dem Kessel Suppe in Tassen, dafür läuft er
mehrmals hin und her. Auf dem Weg verschüttet er
jede Menge Suppe aus den zu vollen Tassen.
Ein Herr nebenan bekommt eine Ladung ab und
weist ihn zurecht. Da geht die Mutter wie eine
Furie auf den Gast los und schreit etwas von
Kinderfeindlichkeit.«

Sind Sie denn nicht versichert?

Kinderfeindlichkeit ist übrigens ein schon fast ab-
gedroschener Vorwurf von Helikopter-Eltern, wenn die
Umwelt es wagt, auf Kinder hinzuweisen, die sich res-
pektlos benehmen oder Dinge zerstören. Kinderbedürf-
nisse werden selbstverständlich über jene der Allgemeinheit gestellt. Ist doch völlig klar, dass der heilige
Schlaf nicht gestört werden darf, was kümmert uns da

ein Notfall? Können Supermärkte nicht fürs Fangen-
spielen optimiert werden? Und denken Sie ja nicht daran, Eltern zu kritisieren. Das ist immer eine ganz
schlechte Idee: Sie könnten an Helikopter geraten.

Krankenwagen ist zu laut
»Eine Bekannte beschwerte sich bei der Einsatzlei-
tung der Feuerwehr darüber, dass nachmittags ein
Rettungsfahrzeug mit Blaulicht und Sirene durch
die Straße gefahren war – die Geräusche hätten ihre beiden Kinder beim Mittagsschlaf gestört.«

Ungesicherter Spielplatz
»Ich arbeite in einem Restaurant in Zürich, das in
die Haushaltsabteilung eines exklusiven Super-
markts integriert ist. Eines Tages spielen zwei Kinder Fangen im Laden, als es plötzlich laut klirrt:
Die Kinder haben einige Gläser kaputt gemacht.
Plötzlich kommt eine wütende Mutter und fragt
mich, warum ich nicht besser auf ihr Kind auf-
gepasst hätte.«

Clogs versus Trommelfell
»Ein Nachbar, der gerade Vater geworden war,
beschwerte sich bei mir, weil ich auf der Treppe
Holzschuhe trug. Seine Tochter könne irreparabel
geschädigt werden. Er wohnte in einer sehr großen
Wohnung, das Klappern kann man höchstens im
Korridor gehört haben.«

Hier mal wischen, bitte

»Im Wartezimmer unserer Kinderpraxis für Ergo-
therapie vertreibt sich ein Vierjähriger die Zeit damit, seine Schokoladenfinger an den Sitzkissen ab-
zuwischen. Die Mutter betrachtet diese Kunstwerke
und reagiert erst, als sie meinen entsetzten Blick
sieht: ›Ach, Schatz, was machst du denn da? Jetzt
muss die Frau das alles wieder sauber machen!‹«

Frühes Meisterwerk

»Ein Freund von mir ist Rechtsanwalt. Ein Klienten-
kind im Grundschulalter bemalte seinen antiken
Konferenztisch in aller Seelenruhe mit wasserfes-
tem Stift. Die stolzen Eltern daraufhin: ›Wissen
Sie, Hochbegabte sind eben besonders kreativ!‹«

Die Welt gehört uns

»In meinem Laden drücken Kunden ihren Kindern
gern ein Produkt in die Hand, um sie zu beschäftigen. Anfangs bin ich noch davon ausgegangen,
dass die Eltern das Produkt kaufen wollen, und habe auch dann nichts gesagt, wenn das Kind kleine
Zahnspuren auf Bambuslöffeln hinterlassen hat.
Doch oft legen die Eltern die Produkte angespuckt,
zernagt oder kaputt wieder ins Regal. Wenn ich es
dann wage, die Eltern anzusprechen, bin ich der
Böse. Als hätte ICH das Produkt kaputt gemacht.
Die Eltern sagen dann: ›Sie sind doch bestimmt
versichert.‹ Es gibt aber keine Versicherung, die

das Missgeschick der Kunden für den Ladenbesitzer
versichert.«

Wenn die Kleinen erst mal groß sind, wird alles anders.
Denken Sie! Wenn die Kleinen erst mal groß sind, drehen die Helikopter erst richtig auf. An Unis, am Arbeits-
platz und selbst beim Dating mischen sich Eltern in
das Leben ihrer **erwachsenen Kinder** ein. Wie sollen
die Süßen sonst klarkommen?

»Meine Tochter ist hier Ersti«: Erwachsene Kinder

»Sie möchten Ihr Kind bei der immer schwieriger werdenden Studien- und Berufswahl unterstützen und ihm im Entscheidungsprozess beratend zur Seite stehen?«, heißt es auf der Webseite einer technischen Universität in Brandenburg. »Eltern haben bei der Studien- und Berufswahl ihrer Kinder eine wichtige Funktion: als Ratgeber*innen, Rollenmodelle und auch als motivierende und ermunternde Personen. Wir sprechen deshalb auch Eltern von Studieninteressierten an und ermöglichen ihnen, eigene Fragen in Bezug auf ein Studium ihres Kindes zu klären«, teilt die Uni Göttingen mit – und verschickt sogar eine Pressemeldung zum Informationsabend für Eltern von Studieninteressierten.

Wer kann da schon Nein sagen? Dass Hochschulen inzwischen derart offensiv um die Gunst und Aufmerksamkeit der Eltern buhlen, hängt vermutlich auch damit zusammen, dass selbst Mütter und Väter erwachsener Kinder diese ohnehin nicht in Ruhe lassen. Dann doch wenigstens zu unseren Spielregeln, scheinen

sich einige Uni-Mitarbeiter zu denken – und verzwei-
feln im Alltag trotzdem an den Helikoptern im Hörsaal.

»Wir wollten doch Medizin studieren!« – Uni, Ausbildung und Beruf

Nein, früher war bestimmt nicht alles besser. Aber
eines stand wenigstens fest: Sobald man auf dem Cam-
pus war, hatte man Ruhe vor seinen Eltern. Konnte in
die Vorlesung gehen oder auch nicht, treffen, wen man
wollte, und in der Bib nur Kaffee trinken oder bis in die
Nacht lernen. Kurz: Man konnte eigene Entscheidun-
gen treffen und deren Konsequenzen erfahren. Mehr
als schade, dass viele junge Menschen diese Freiheiten
nicht mehr erleben können.

Die Katze meines Kindes hatte Durchfall...
»Ich arbeite seit zehn Jahren im Bildungsbereich,
unter anderem an der Universität. Was ich seitdem
wahrnehme: Es gibt immer mehr Helikopter-Eltern,
und ihr Verhalten wird immer absurder. Ständig

tauchen Eltern im Uni-Büro auf, rufen an oder schreiben E-Mails, weil ihr Kind etwa durch eine Prüfung gerauscht ist oder sich fürs falsche Tutorium eingetragen hat. Argumente, die sonst von den Studis vorgetragen werden, kommen jetzt von den Eltern: ›Die Katze hatte Durchfall, mein Kind musste mit ihr zum Tierarzt und konnte deshalb nicht lernen.‹«

Der kleine Student möchte aus dem Hörsaal abgeholt werden

»Ich arbeite als studentische Hilfskraft an meiner Hochschule. Regelmäßig rufen Eltern an – mit Fragen wie diesen: ›Gibt es einen Elternsprechtag an Ihrer Hochschule?‹ oder ›Mein Sohn sitzt allein im Hörsaal. Machen Sie den Professor ausfindig!‹«

Huhu, Hallöchen, ich bin's, der Papa

»Zu Semesterbeginn stieß ich in der Facebook-Gruppe einer Kölner Hochschule auf folgendes Posting: ›Vielen Dank für die Aufnahme! Meine Tochter ist hier Ersti.‹«

Und wenn es mal nicht so rundläuft, drehen die Helikopter richtig an den Rotoren.

ERSTELLEN SIE JETZT DEN STUNDENPLAN!

»Unsere Fachschaft, in der wir Hilfe von Studierenden für Studierende anbieten, hat ein kleines Büro samt Telefon. Normalerweise kommen Studierende vorbei, um sich Altklausuren abzuholen oder weil sie Hilfe bei der Erstellung ihres Stundenplans brauchen. Vor einigen Wochen rief eine Mutter an und bat mich, für ihren Sohn, der im vierten Semester Jura studiert, den Stundenplan zu erstellen und ihr zuzuschicken. Auf meine Antwort, dass ich nicht der Sekretär ihres Sohnes sei, reagierte sie sehr angespannt und hielt eine Wutrede am Telefon.«

Anstiftung zum Betrug

Ein Ghostwriter, dessen fragwürdige Dienste normalerweise verzweifelte Studenten in Anspruch nehmen, die ihre Abschlussarbeit nicht hinkriegen – was natürlich verboten ist –, berichtete, dass er inzwischen sogar Anfragen von Eltern erhält, wie zum Beispiel diese hier: »Mein Sohn schreibt zurzeit seine Facharbeit und hat einen Fragebogen entwickelt. Die Auswertung bräuchten wir zwischen dem 20. und 23. Februar. Ist das von Ihrer Seite aus leistbar? Arbeiten Sie mit SPSS oder vergleichbaren Statistik-Programmen? Was würde dies kosten? Vielen Dank für eine kurzfristige Rückmeldung.«

Eltern kontrollieren nicht nur jeden Schritt, den ihr Kind an der Uni macht, sie bestimmen häufig auch die Fächerwahl und -kombination.

Das Kind im Manne

»Ich war wissenschaftliche Mitarbeiterin an einer
großen Universität und habe Studierende zum Studium beraten. Zu Beginn, als ich noch arglos war,
erlaubte ich einer Mutter, ihren Sohn zum Be-
ratungsgespräch zu begleiten. Der junge Mann
schwieg die ganze Zeit, die Mutter redete – und
stellte die Fragen: ›Mein Sohn mag dieses und
jenes Fach nicht, ist das denn zwingend Bestand-
teil des Studiums?‹ Seitdem müssen Eltern bei mir
draußen warten.«

Um wen geht's hier eigentlich?

»Eine Mutter meldete sich bei mir in der Studien-
beratung: Ihre Tochter brauche dringend einen
Beratungstermin, schließlich solle sie nach dem
Abitur studieren. Leider habe sie sich jedoch ›einfach selbstständig‹ über eine Tanzausbildung informiert, die sie jetzt antreten wolle. Auf meine
Anmerkung, dass man auch nach einer solchen
Ausbildung – für die man sich nach eigenen Über-
legungen und Interessen entschieden habe – immer
noch studieren könne, kam die verzweifelte Gegen-
frage: ›Und wenn sie dann als Tänzerin arbeiten
will?‹«

Schluss mit lustig

»Ein junger Mann und sein Vater kamen in meine
Sprechstunde für Studienbewerber. Während der

Beratung hielt sich der Vater angenehm im Hintergrund. Als sich jedoch herauskristallisierte, dass der Sohn den geisteswissenschaftlichen Studiengang tatsächlich in Erwägung zog, konnte der Vater nicht mehr an sich halten: ›Nun gut, wenn du meinst, aber Frau XY, jetzt sagen Sie doch mal ehrlich: Was verdient man denn damit, also zum Beispiel, was verdienen Sie denn?‹«

In der Studienberatung
Tochter: »Ich würde gern Jura studieren.«
Mutter (überrascht bis entsetzt): »Aber Liebling, wir wollten doch Medizin studieren. Das hatten wir doch so besprochen.«

Die Krönung sind die Eltern, die direkt mitkommen – sogar ins Seminar. Weil sie nämlich, oh Zufall, auch angefangen haben zu studieren.

OMG
»Zu Beginn meines Studiums hatte ich einen Kommilitonen, der sich mit seinem Vater eingeschrieben hatte. Die beiden gingen auch gemeinsam in die Vorlesungen.«

Leibgarde
»Mein Neffe ist 22 Jahre alt und studiert auf Lehramt. Wenn er seine Doppelkopfrunde mit einigen Kommilitonen hat oder zusammen mit seinem

Professor musiziert, warten seine Eltern beide vor der Gaststättentür im Auto auf ihn. Egal, bei welchem Wetter – auch bei Minusgraden – und zu welcher Uhrzeit. Das Gleiche gilt bei Klausuren, die er samstags schreibt. Seine Eltern begleiten ihn zur seelischen Unterstützung und warten, bis er fertig ist. Sein Vater, also mein Bruder, sagt, das sei selbstverständlich, denn ›schließlich ist man doch stolz auf seine Kinder‹.«

Selbst im Berufsleben können sich einige Helikopter nicht zusammenreißen.

Mein Sohn, der Chef

»Ich betreibe einen kleinen IT-Service. Einmal kamen Eltern mit ihrem Sohn zu uns, die wollten, dass der Junge bei uns mitarbeitet. Dabei stellten sie groteske Forderungen an uns: So sei ein Einstellungstest, um zu schauen, ob der junge Mann überhaupt mit einem Rechner umgehen kann, nicht zumutbar. Außerdem dürfe er am Tag maximal zwei Stunden bei uns arbeiten. Des Weiteren sollten wir alle Werkzeuge täglich desinfizieren, damit er keine Bakterien darüber aufnehme. Zudem müsse er die Firma auch mal eine Woche leiten dürfen, er solle ja Berufserfahrung sammeln – für einen möglichst guten Start ins Berufsleben. Unfassbar.«

Liebe & Freizeit:
Suche Mann für meine Tochter

Was an Helikopter-Eltern wirklich völlig absurd ist:
Wenn ihre Kinder klein sind, lassen sie diese alles
selbst entscheiden – Sommerkleid im Winter, welche
Straßenseite genommen wird, ob und wie der Friseur
die Haare schneiden darf. Aber wenn sie groß sind,
entscheiden plötzlich die Eltern: über den Studiengang, die Freunde, das Auslandspraktikum – und sogar: den Lebenspartner.

Führerschein? Papperlapapp!
»Mein Sohn ist 17 Jahre alt und Spieler und Trainer
einer Fußball-Jugendmannschaft. Er fährt bereits
selbst Auto, natürlich noch mit einer Begleit-
person. Kürzlich sagte er zu einem gleichaltrigen
Mitspieler: ›Wenn ich 18 bin, kannst du mit mir im
Auto zu den Auswärtsspielen fahren.‹ Das hörte
dessen Mutter und meinte daraufhin, sie würde
die ersten Male dann auch lieber mitfahren
wollen.«

Umziehen? I wo!

»Ich arbeite in einer Studierendenvertretung und beantworte dort Fragen zum Semesterticket. Einmal fragte mich eine Mutter, wieso das Ticket nicht bis zu ihrem Heimatort, der 150 km entfernt von der Uni liegt, reiche – die Monatstickets für die restliche Strecke seien ja immens teuer. Dass ihr Sohn auch einfach für weniger Geld vor Ort ein Zimmer im Studentenwohnheim nehmen könnte, war wohl keine Option; er sollte lieber zu Hause wohnen und mehr als vier Stunden täglich im Zug verbringen.«

Big Mother is watching you

»Eine ehemalige Schulkameradin muss sich sogar noch im Erwachsenenalter mit ihrer übergriffigen Familie herumschlagen. Die Mutter kontrolliert ihre Internet- und Handyaktivitäten, sogar vor privaten Nachrichten macht sie keinen Halt. Und der Bruder durchforstet ihre Ausgaben und Finanzen. Auch der Freundeskreis wird überwacht: Die Eltern inspizieren jede neu gewonnene Freundin. Gefällt sie ihnen nicht, verbieten sie den Kontakt.«

Folgende Kontaktanzeige erschien in einer großen deutschen überregionalen Zeitung:

»Liebe Eltern! Echter Münchner mit Familienunternehmen/Immob. möchte dem Glück seiner Tochter, 24 J., hübsch, 1,70 m, studiert, sportlich, unternehmungsfreudig, vielseitig interessiert, auf die Sprünge helfen. Gesucht wird: junger Mann bis 35 J., ab 1,78 m groß, gut aussehend, charmant, strebsam, NR, aus guter Familie/gerne Unternehmer/Handwerker/Akademiker. Bitte Bildzuschrift.«

Schlusswort:
Die Welt aus den Angeln

Wir hoffen, Sie konnten sich über diese irren Auswüchse der Kinderaufzucht ebenso amüsieren wie wir. Über jene, die es übertreiben mit Vorsicht und Sorge und Ehrgeiz, die kutschieren und kontrollieren. Vielleicht aber haben Sie auch an der einen oder anderen Stelle dieses Buches gedacht: »Huch. Hab ich auch schon mal gemacht.« Falls ja – wir haben Verständnis. *Nobody's perfect*, und: Jeder und Jede will nur das Beste für sein oder ihr Kind.

Einen Aspekt können wir jedoch wenig nachvollziehen: Wenn wissentlich öffentliche Ressourcen und Gelder verschwendet werden, um das eigene Kind noch ein wenig dicker in Watte zu packen. Wenn Helikopter etwa fordern, dass Feuerwehrsirenen andere nicht mehr warnen sollen, weil ihr Kind ein Nickerchen macht. Wenn sie die Polizei rufen, weil ihr Kind die Zähne nicht putzt (verrückte Geschichte, lesen Sie dazu unbedingt Band 2 unserer Reihe, *Ich muss mit auf Klassenfahrt, meine Tochter kann sonst nicht schlafen*). Oder wenn Eltern in der Notaufnahme eines Krankenhauses anrücken, weil sich ein Fussel im Bauchnabel verfangen hat.

In diesen Momenten ist das Verhätscheln und das Um-sich-selbst-Drehen keine Privatsache mehr. Und auch nicht mehr einfach nur lustig. Wir würden uns wünschen, dass Helikopter-Eltern ab und zu innehalten, wenn sie für ihr Kind mal wieder die Welt aus den Angeln heben wollen. Denn es gibt noch andere Menschen. Und diese Einsicht wäre auch ein tolles Erziehungsziel.

Danksagung

Wir danken den Leserinnen und Lesern des SPIEGEL für zahlreiche E-Mails mit Anekdoten und Kommentaren sowie allen Eltern, Erziehern, Lehrern, Ärzten und Trainern, die uns in persönlichen Gesprächen von ihrem Alltag im Kinder-Kosmos berichtet haben.

Ein großer Dank geht auch an unseren Lektor Daniel Oertel, der von Anfang an und immer wieder an uns glaubt. Und wir danken Stan und Marcin.